선재국어

점수를 바꾸는 15분

독해야 산다

2

저자의 글

공무원 독해 시험을 위한 최고의 훈련
정확도와 속도를 향상하기 위해 독하게 독해하자!!

해가 거듭될수록 공무원 시험에서 독해 문제가 강화되고 있다. 그렇기 때문에 공무원 시험에서 합격하려면, 무엇보다 독해에 대한 철저한 대비가 필요하다는 것은 수험생이라면 누구나 실감하고 있을 것이다. 또한 앞으로 추론형 문제를 강화할 것이라는 인혁처의 발표까지 고려한다면, 지금은 보다 강도 높은 독해 훈련이 더더욱 필요한 시점이기도 하다.

그런데 공무원 강의를 하면서 느낀 점은, 생각보다 많은 수험생들이 독해를 잘하지 못하거나 독해를 부담스러워한다는 것이다. 수험생들이 독해를 어렵게 느끼는 이유는 상황에 따라 다양하겠지만, 크게 세 가지 정도로 정리할 수 있다.

첫째, 기초적인 독해력이 부족한 경우이다.
지문의 아랫부분을 읽으면 윗부분의 내용을 잊어버린다거나 다 읽고 나서도 글에서 무슨 이야기를 한 것인지 이해하지 못하는 경우 등이 여기에 해당된다.

둘째, 시간이 부족한 경우이다.
평상시에 독해를 할 때는 시간이 넉넉하여 글을 잘 읽지만 실전에서는 긴장하여 시간이 부족해진다거나 읽는 속도 자체가 느려서 시간이 부족해지는 경우 등이 여기에 해당된다.

셋째, 지문이나 문제 자체가 어려운 경우이다.
지문이 배경지식을 많이 요구한다거나 내용이 추상적인 경우, 문제에 함정이 많아 선택지를 고르기 어려운 경우 등이 여기에 해당된다.

이러한 문제를 해결하기 위해 오랜 시간 동안 준비한 훈련 프로그램이 바로 《**독해야 산다 — 점수를 바꾸는 15분**》이다. 독해 문제를 풀기 위한 가장 기본적인 능력은 정확하게 읽는 법, 그리고 빠르게 읽는 법이다. 즉 수험에서의 독해는 정확도와 속도가 가장 중요한 요소인 것이다. 이를 위해 《독해야 산다》의 각 주 차는 강의용 지문 1개와 숙제용 지문 2개를 한 세트로 구성하였으며, 논리적 완결성이 있는 글을 선별하여 실었다. 좋은 지문과 문제로 구성된 《독해야 산다》를 꾸준히 집중해서 훈련한다면, 글의 정보를 정확하게 파악하는 능력은 물론 글을 읽는 속도 역시 향상될 수 있도록 강의와 교재를 구성한 것이다.

많은 수험생들이 바라는 것은, 최소한의 시간을 투자하여 시험에서 높은 점수를 받는 것이다. 그러나 독해는 일정 정도의 시간과 노력을 집중적으로 투자해야만 좋은 점수를 얻을 수 있는 영역이다. 단기간에 체력이 급격히 좋아지는 운동법이 없는 것처럼 단기간에 독해력 자체를 급격히 올리는 비법은 없다는 점을 명심하고, 꾸준히 독해 훈련에 참여하자. 꾸준한 운동이 우리를 건강하게 만드는 것처럼, 꾸준한 독해 훈련은 어떠한 문제가 나와도 흔들리지 않는 튼튼한 실력을 갖추게 한다. 《독해야 산다》를 통해 합격을 앞당기는 가장 자신 있는 영역이 독해가 되기를 바란다.

2023년 6월 노량진 연구실에서
이선재

학습 동영상 gong.conects.com | 카페 cafe.naver.com/sjkins
인스타그램 @sj_ssam | 유튜브 선재국어TV

독보적 선재국어

꿈은 이루어진다.
이루어질 가능성이 없었다면
애초에 자연이 우리를
꿈꾸게 하지도 않았을 것이다.
- 존 업다이크 -

차례

공무원 시험 합격으로 가는 주춧돌
독해력 강화를 위한 선재국어의 특별한 프로그램

독해의 단계별 학습법	006
지문 분석의 실제	008
독해 지문 99편 출전	010
📁 1주 차	016
📁 2주 차	018
📁 3주 차	020
📁 4주 차	022
📁 5주 차	024
📁 6주 차	026
📁 7주 차	028
📁 8주 차	030
📁 9주 차	032
📁 10주 차	034
📁 11주 차	036
📁 12주 차	038
📁 13주 차	040
📁 14주 차	042
📁 15주 차	044
📁 16주 차	046
📁 17주 차	048
📁 18주 차	050
📁 19주 차	052
📁 20주 차	054
📁 21주 차	056
📁 22주 차	058
📁 23주 차	060
📁 24주 차	062
📁 25주 차	064
📁 26주 차	066
📁 27주 차	068
📁 28주 차	070
📁 29주 차	072
📁 30주 차	074
📁 31주 차	076
📁 32주 차	078
📁 33주 차	080
정답과 해설	084

본 교재는
'독해야 산다 2 : 점수를 바꾸는 15분'
강의를 바탕으로 구성한 것입니다.

독해의 단계별 학습법

1단계 구조화 10개념으로 정리하기

《독해야 산다》를 학습할 때 가장 먼저 해야 하는 일은 '지문 요약'이다. 글 읽는 속도가 느리거나 내용을 잘 정리하지 못하는 수험생들에게 추천하는 요약 방법은 '구조화 10개념'을 활용하는 것이다. 구조화 10개념이란, 일반적인 글에서 자주 나타나는 개념어를 말한다. 실제 글에서는 이것보다 더 다양한 방식이 나타나므로 글 읽는 훈련을 하면서 자신만의 개념어를 만들어 두는 것도 좋다. 지문을 읽으면서 구조화 10개념에 해당되는 내용이 있다면 문단 옆에 메모를 하자. 눈으로만 읽어서는 지문을 정확히 분석할 수 없다. 펜을 들고 요약하는 습관을 지금부터 들여 보자.

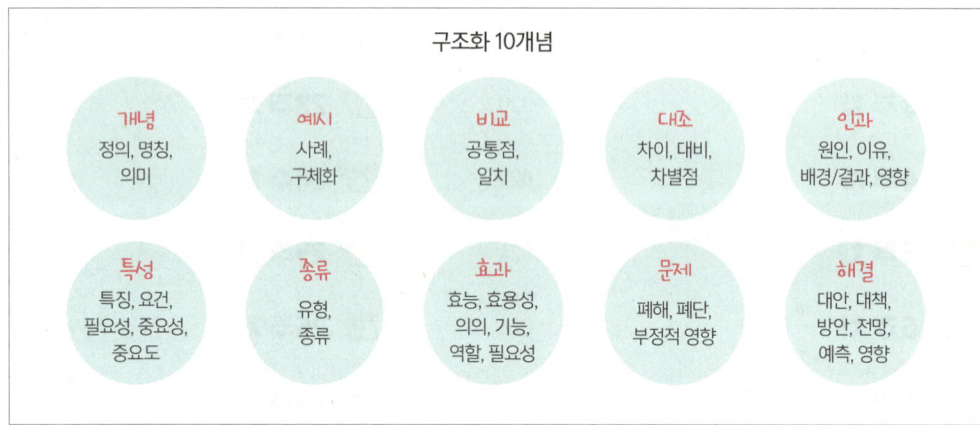

2단계 문장·문단 간 관계 파악하기

문장을 읽어 가면서 구조화 10개념으로 정리한 후에는 문장 간 그리고 문단 간의 관계를 파악하여 이를 도식화해야 한다. 문장 간, 문단 간에 자주 나타나는 연결 관계는 다음과 같다.

전제 + 주지	주지를 제시하기에 앞서 주지를 이끌어 낼 논리를 미리 제시함.
주지 + 부연	주제문과 이를 보충하는 내용으로 구성함.
주지 + 상술	주제문과 이를 상세하게 설명하는 내용으로 구성함.
주지 + 열거	논지에 적합한 사례나 특성을 대등하게 제시함.
대조	서로 상반되는 내용을 연결함.
원인 + 결과	결과에 주지가 있음.
일반적 견해 + 비판	일반적 견해에 대한 비판 부분에 주지가 있음.
문제 제기 + 해결	해결 방안에 주로 주지가 있음.

3단계 문단별 주제문 파악하기

하나의 문단은 여러 문장으로 구성되어 있는데, 여기에는 주요 내용을 담고 있는 주제문과 이를 뒷받침하는 문장들이 있다. 주로 주제문은 일반적 진술로, 뒷받침 문장은 예시, 부연, 상술 등을 통한 부차적이고 구체적인 진술로 나타난다. 문단별 주제문을 취합하면 글 전체의 요약문이 완성된다.

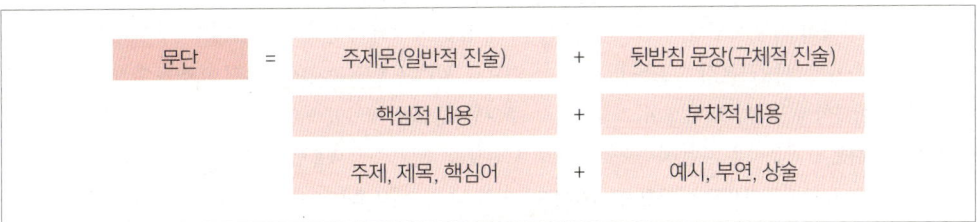

4단계 선택지의 구성 원리 익히기

《독해야 산다》에는 내용 일치, 전개 방식, 빈칸 추론 등 다양한 문제가 나온다. 모든 독해 문제는 지문에 대한 정확한 이해를 밑바탕으로 깔고 있기 때문에 1~3 단계의 과정이 제대로 되었다면, 어떤 문제든 잘 풀 수 있을 것이다. 하지만 지문을 정확히 이해했음에도 불구하고 문제 풀이에 어려움을 느낀다면, 《세상에 없던 독해 스킬》을 참고하여 선택지의 구성 원리를 익히는 것이 좋다. 선택지의 구성 원리란, 출제자들이 선택지를 구성하기 위해 사용하는 방식이다. 이를 수험생들이 미리 알면, 지문을 읽을 때 집중적으로 봐야 하는 부분을 미리 파악하고 선택지에 파 놓은 함정을 피할 수 있다.

선택지의 구성 원리는 다음과 같이 정리할 수 있다.

그대로 가져오기	지문의 내용을 있는 그대로 혹은 유사하게 변형하여 선택지를 구성하는 방식
반대 진술	지문과 반대되는 내용으로 선택지를 구성하는 방식
비교 범주	수치나 정도를 지문의 내용과 다르게 하여 선택지를 구성하는 방식
원인과 결과	원인과 결과의 순서를 바꿔 선택지를 구성하는 방식
환치(정보 교체)	지문의 내용을 그 의미 범주에 속하는 다른 개념어로 바꿔 선택지를 구성하는 방식
혼용(정보 섞기)	지문의 내용을 섞어서 선택지를 구성하는 방식
지문에 없음	지문에 없는 내용을 추가하여 선택지를 구성하는 방식

5단계 타이머 훈련, 그리고 강의 듣고 약점 보완하기

《독해야 산다》는 총 33주 차로, 각 주 차에는 1개의 강의용 지문과 2개의 숙제용 지문이 포함되어 있다. 강의 수강 전에 타이머를 켜고 강의용 지문과 문제를 풀이한 뒤에, 강의를 통해 자신의 방식에서 잘못된 부분을 찾아 보완해 보자. 그리고 강의에서 익힌 지문 분석법과 문제 풀이법을 숙제용 지문에 적용하여 체화하는 시간을 가진다면, 훈련이 거듭될수록 실력이 점차 향상되는 자신을 발견할 수 있을 것이다.

지문 분석의 실제

요약 연습

생물학자인 윌슨은 21세기 과학 기술의 시대에 인류가 당면한 여러 문제들은 복합적인 성격을 띠고 있어서 어느 한 가지 학문만으로는 그것을 해결할 수 없다고 보았다. 이에 그는 다양한 학문 간 '통섭(統攝)'을 대안으로 제시하였다. 그가 말한 통섭이란 물리학, 화학, 생물학 등 자연 과학과 철학, 심리학 등 인간을 연구 대상으로 삼는 인문학을 통합하여 하나의 지식 체계를 형성하는 것을 의미한다. (㉠)

인문학과 자연 과학이 어떻게 만날 수 있을까? 윌슨의 통섭을 지탱해 주는 것은 바로 환원주의이다. 이는 복잡한 대상을 구성하는 근본적 요소를 밝히려는 노력으로, 윌슨은 모든 존재의 근본적 요소는 관찰과 실험을 통한 자연 과학적 법칙으로 설명이 가능하다고 주장한다. 그에 의하면 인간 역시 자연 과학으로 환원이 가능하기 때문에 인문학은 자연 과학으로 완벽히 포섭될 수 있다. [㉡ 예를 들어 물체의 운동을 물체와 땅 사이에 마찰력으로 설명하는 것과 같이 인간의 고유한 특성인 사랑이나 사회 조직의 작동을 호르몬이나 유전자와 같은 자연 과학적 법칙에 의한 결과로 설명할 수 있다는 것이다.]

이러한 윌슨의 주장은 많은 학자들의 관심을 끌었지만 동시에 인문학자들로부터 비판을 받기도 하였다. 인문학자들은 인문학의 대상과 자연 과학의 대상은 동일하게 취급할 수 없음을 지적하며 통섭이 불가능함을 설명한다. 인간은 자연물과 달리 자연 과학적 법칙의 지배를 받기만 하는 존재가 아니라 동시에 어떤 의도와 목적을 가지고 선택하며 살아가는 존재이기 때문이다. [㉢ 예를 들어 물체의 낙하는 중력이라는 자연 과학적 법칙으로 충분한 설명이 가능하지만, 번지 점프와 같은 인간의 낙하는 중력보다는 신체 단련이나 즐거움 등 개인의 특별한 목적이 더 중요한 원인으로 작용한다는 것이다.]

다음으로 인문학자들은 인문학이 탐구하는 대상의 본질은 관찰과 실험을 통해 파악되는 객관적 실체가 아님을 지적한다. 인간의 마음이나 정신은 물리적 현상처럼 객관적으로 관찰하기가 어렵고, 사람마다 다 다르기 때문이다. 따라서 자연 과학의 대상 인식 방법인 관찰과 실험은 인문학에서는 대상의 본질을 연구하는 충분한 방법이 되지 못한다. 인문학자들은 관찰 주체가 지닌 관점에 따라 대상은 다르게 인식될 수 있으며, 관찰자의 관점이 배제된 객관적 대상이란 존재하지 않는다고 본다. (㉣)

이처럼 자연 과학과 명백한 경계선을 갖는 인문학적 관점이 윌슨의 생각처럼 자연 과학으로 완전히 포섭되기란 어렵다는 것이 인문학자들의 주장이다. 현실의 문제 해결을 위해 인문학적 지식과 자연 과학적 지식이 소통하여야 한다는 윌슨의 지적에는 동의하지만 그 소통의 방법이 통일된 지식 체계를 세우는 것이라면 이는 불가능한 꿈에 지나지 않는다는 것이다. 이들은 학문 간의 균형 잡힌 시각이 필요함을 강조하면서 인문학의 고유한 정체성은 더욱 중시되어야 한다고 주장한다.

★ 문단에서 정보를 표시하는 방법

1. 접속어나 연결하는 말   물결표(〰)
2. 비교 대상 vs 대조 대상   동그라미(○)와 세모(△)
3. 질문과 답변   Q → A
4. 원인과 결과   · a 때문에 b이다: 인 ⟶ 과
   · b이다. 그 이유는 a 때문이다: 과 ⟵ 인
5. 문제점과 대책   문제 ⟶ 해결
6. 일반화와 구체화   G E, 예시는 전체를 (   )로 표시할 것
7. 순서, 과정   1 ⟶ 2 ⟶ 3
8. 단순 열거   1, 2, 3

이남인, 〈인문학과 자연 과학은 어떻게 만날 수 있는가〉

1 이 글을 읽고 중심 내용을 요약하시오.

생물학자 윌슨은 21세기 인류가 당면한 여러 문제들을 다양한 학문 간의 '통섭'으로 해결할 수 있다고 보았다. '통섭'은 '환원주의'에 입각한 것으로 자연 과학의 입장에서 인문학을 통합하여 하나의 지식 체계를 형성하는 것이다. 이에 대해 인문학자들은 첫째, 자연 과학의 연구 대상인 자연과 인문학의 연구 대상인 인간을 동일하게 취급할 수 없으며, 둘째, 자연 과학의 연구 방법인 관찰과 실험으로 인간의 본질을 충분히 연구할 수 없다고 반박하였다.

2 이 글의 내용과 일치하는 것은?

① 윌슨은 '환원주의'에 입각하여 인문학의 입장에서 자연 과학을 통합해야 한다고 주장하였다.
② 인문학이 탐구하는 대상은 관찰자의 관점이 배제된 객관적 실체로서의 인간이다.
③ 인문학자들은 관찰과 실험으로는 인간의 본질을 충분히 연구할 수 없다고 주장하였다.
④ 인문학자들은 인문학적 관점에서 자연 과학을 통합하여 학문 간의 경계선을 넘어야 한다고 주장하였다.

3~4문단에 따르면, 인문학자들이 인간은 자연물과 달리 자연 과학적 법칙의 지배를 받기만 하는 존재가 아니며 인문학의 탐구 대상은 인간의 객관적 실체가 아니기 때문에, 자연 과학의 연구 방법인 관찰과 실험으로는 인간의 본질을 충분히 연구할 수 없다고 윌슨의 주장을 반박했다.

오답 풀이 ① 2문단에서 윌슨이 인간 역시 자연 과학으로 환원이 가능하기 때문에 인문학은 자연 과학으로 완벽히 포섭될 수 있다고 하였다. 즉 자연 과학의 입장에서 인문학을 통합하는 '통섭'을 주장한 것이다.
② 4문단에서 '인문학자들은 관찰 주체가 지닌 관점에 따라 대상은 다르게 인식될 수 있으며, 관찰자의 관점이 배제된 객관적 대상이란 존재하지 않는다'고 하였다.
④ 마지막 문단에서 인문학자들은 21세기의 인류가 당면한 문제를 해결하기 위해서는 인문학과 자연 과학이 소통해야 한다는 윌슨의 주장에는 동의하지만 인문학과 자연 과학의 통합은 불가능하다고 주장하였다.

3 ㉠~㉣ 중 **가**, **나**의 내용이 들어갈 적절한 위치를 각각 쓰시오.

> **가** 예를 들어 물체의 낙하는 중력이라는 자연 과학적 법칙으로 충분한 설명이 가능하지만, 번지 점프와 같은 인간의 낙하는 중력보다는 신체 단련이나 즐거움 등 개인의 특별한 목적이 더 중요한 원인으로 작용한다는 것이다.
>
> **나** 예를 들어 물체의 운동을 물체와 땅 사이의 마찰력으로 설명하는 것과 같이 인간의 고유한 특성인 사랑이나 사회 조직의 작동을 호르몬이나 유전자와 같은 자연 과학적 법칙에 의한 결과로 설명할 수 있다는 것이다.

가 - ㉢, **나** - ㉡

가 자연(물체의 낙하)과 달리 인간(번지 점프)은 자연 과학적 법칙인 중력보다는 개인의 특별한 목적(신체 단련, 즐거움 등)이 더 중요한 원인으로 작용한다는 내용이므로 ㉢에 들어가야 한다.
나 자연(물체의 운동)을 자연 과학적 법칙(마찰력)으로 설명할 수 있는 것과 같이 인간(사랑, 사회 조직의 작동)도 자연 과학적 법칙(호르몬, 유전자)으로 설명할 수 있다는 내용이므로 ㉡에 들어가야 한다.

독해 지문 99편 출전

- 01 백신이 여는 질병 치료 르네상스 · 과학동아
- 02 우리 옛 건축과 서양 건축의 만남 · 임석재
- 03 위작에 대한 몇 가지 오해 · 이주헌 · 중앙일보(2016. 3. 5.)

- 01 베토벤 교향곡의 음악사적 의의 · 2014학년도 대학수학능력시험
- 02 자유 경쟁 체제, 과연 인간에게 가장 바람직한 제도인가 · 박순성 · 이성은 언제나 정당한가
- 03 킬러의 시장과 시민적 시장 · 박종현 · 한겨레신문(2016. 5. 2.)

- 01 인공 지능에 대한 오해 · 손동영 · 머니투데이(2016. 3. 23.)
- 02 나는 보수다 · 김경집 · 한국일보(2015. 12. 1.)
- 03 비웃음, 혐오, 그리고 투표 · 남재일 · 경향신문(2016. 4. 21.)

- 01 글쓰기와 읽기, 그리고 하이퍼텍스트 · 김진량
- 02 삼우설(三友說) · 권근
- 03 통곡헌기(慟哭軒記) · 허균

- 01 두 종류의 새해, 두 종류의 탄생 · 강남순 · 한국일보(2016. 1. 12.)
- 02 왜 분노하는 대신 혐오하는가 · 박권일 · 한겨레신문(2016. 2. 11.)
- 03 비폭력 대화 · 마셜 B. 로젠버그

- 01 심리학 오딧세이 · 장근영
- 02 고전 문헌에 나타난 한글과 한자의 혼용 방식 · 2011학년도 대학수학능력시험 6월 모의평가
- 03 모아쓰기 · 김형배

- 01 정치 불참의 의미와 성격 · 강정인
- 02 같은 이야기, 달리 듣지 않기 위해 · 이상욱 · 경향신문(2016. 5. 29.)
- 03 카오스 — 현대 과학의 대혁명 · 제임스 글리크

- 01 실력 있는 의사는 하늘에서 떨어지지 않는다 · 신좌섭 · 경향신문(2016. 5. 31.)
- 02 초고압 물리 신비의 세계 · 고재현 · 세계일보(2016. 1. 20.)
- 03 '보이지 않는 적' 독성 물질 · 이덕환 · 세계일보(2016. 4. 28.)

9주 차
- 01 인간의 후각 · 2015학년도 대학수학능력시험 9월 모의평가
- 02 미디어의 양면성 · 김기태
- 03 광고 문화 비평 · 원용진

10주 차
- 01 느린 악장의 미학 · 이건용 · 중앙일보(2016. 8. 23.)
- 02 좋은 사진 · 진동선
- 03 병아리가 알을 깨고 나오려면 · 고현숙 · 한겨레(2007. 6. 24.)

11주 차
- 01 소외 문제와 사회 복지를 보는 눈 · 조흥식
- 02 왜 노블레스 오블리주인가? · 송복 · 중앙일보(2001. 7. 16.)
- 03 이익[利] · 최진석 · 동아일보(2016. 9. 3.)

12주 차
- 01 고용이라는 이름의 상자 · 박명준 · 한국일보(2016. 9. 20.)
- 02 패놉티콘: 감시와 역감시의 역사 · 홍성욱 · 고등학교 《독서》 교과서, 신사고
- 03 오늘의 역사학 · 안병직

13주 차
- 01 미토콘드리아의 헌신과 공생 · 김재호 · 동아일보(2017. 5. 16.)
- 02 개방성과 몰입 · 박형주 · 동아일보(2016. 10. 25.)
- 03 삶과 일 · 김태길 외

14주 차
- 01 베블런과 브룩스로 읽는 소비의 종말 · 안광복 · 2016학년도 6월 고1 전국연합학력평가
- 02 톡톡 튀는 소리의 세계 · 일본음향학회
- 03 대중 매체의 시대의 음악 · 이장직

15주 차
- 01 김영란法과 선물의 정치학 · 박정자 · 동아일보(2016. 9. 29.)
- 02 마음의 벽, 조금만 낮춘다면 · 서은국 · 조선일보(2016. 10. 31.)
- 03 태호집서(太湖集序) · 성대중

16주 차
- 01 에이젠슈테인의 충돌과 비약의 몽타주 · 윤시향
- 02 기본 소득, 미래의 역사 · 김호기 · 한국일보(2016. 6. 16.)
- 03 생활과 심리학 · 손영화

독해 지문 99편 출전

- 01 금성 '황산 구름'의 비밀 · 이태형 · 세계일보(2017. 1. 19.)
- 02 향가, 민족 문학적 성취의 경로 · 정출헌
- 03 가문 소설의 시대를 연 선의의 경쟁자, 김만중 vs 조성기 · 조현설

- 01 나는 지금 꿈을 꾸고 있는가 · 김태 · 서울신문(2016. 11. 29.)
- 02 술이부작(述而不作) — 전술할 뿐 새로 만들지 않는다 · 신동기
- 03 왜 혹등고래는 바다표범 새끼를 구했을까 · 이영완 · 조선일보(2016. 8. 23.)

- 01 과학 혁명과 인간의 자아 발견 · 김영식
- 02 사후적 고찰 · 이태종 · 한국경제(2016. 8. 30.)
- 03 심리학자가 들여다본 인간 시장 · 이훈구

- 01 생명이란 무엇인가 · 주광렬
- 02 사진이란 무엇인가 · 한정식
- 03 과학 기술의 철학적 이해 · 한양대학교 과학철학교육위원회 편

- 01 공평한 관찰자와 보이지 않는 손 · 우찬제 · 경향신문(2017. 6. 5.)
- 02 인공 지능과 판사 · 정정훈 · 한겨레(2016. 3. 15.)
- 03 협치가 필요한 이유 · 송혁기 · 경향신문(2016. 5. 17.)

- 01 열하일기, 웃음과 역설의 유쾌한 시공간 · 고미숙
- 02 막 오른 생체 정보 빅 데이터 시대 · 전승민 · 주간동아(2016. 6. 8.)
- 03 나를 위한 심리학 · 이철우

- 01 사회는 어느 때 실패하는가 · 도정일 · 한겨레신문(2005. 8. 25.)
- 02 암송이 창의를 부른다 · 김용규 · 한국일보(2015. 9. 20.)
- 03 저출산, '사회적 大합의' 절실하다 · 문형구 · 문화일보(2016. 8. 11.)

- 01 '분노'를 배워야 하는 이유 · 강남순 · 한국일보(2015. 10. 6.)
- 02 우리가 외로운 이유 · 혜민 스님 · 중앙일보(2016. 10. 28.)
- 03 트라우마와 스트레스의 차이 · 정여울 · 중앙일보(2016. 5. 21.)

- 01 공기로 만드는 금속, 현실이 될까 · 전승준 · 세계일보(2017. 2. 23.)
- 02 '먹방'의 시대 · 권영민 · 동아일보(2016. 10. 29.)
- 03 한옥에 '베르누이 원리'가 · 양길식 · 동아사이언스(2014. 3. 7.)

26주차
- **01** 철학자 마키아벨리 · 곽차섭 · 부산일보(2016. 11. 29.)
- **02** 용기 있는 사람이 필요한 시대 · 정태연 · 머니투데이(2017. 2. 3.)
- **03** SNS의 틈새, 우리 사회 희망인가 취향 공동체인가 · 이재원 · 이데일리(2016. 6. 28.)

27주차
- **01** 국민에 '기본 자본'도 나눠 주자 · 선대인 · 경향신문(2017. 3. 15.)
- **02** AI 저널리즘의 '공격'도 대비해야 · 한동섭 · 매일경제(2017. 2. 3.)
- **03** 풍수의 정석 · 조남석

28주차
- **01** 예술가와 관객이 느끼는 치유 · 케이트 림 · 매일경제(2017. 5. 12.)
- **02** 끝맺음 · 이건용 · 중앙일보(2017. 4. 4.)
- **03** 내가 아는 것이 진리인가 · 김창호

29주차
- **01** 갈등 부추기는 소득 불평등 · 곽금주 · 국민일보(2017. 5. 30.)
- **02** 냉전의 기원에 대한 논의 · 2014학년도 대학수학능력시험 6월 모의평가
- **03** 이제는 태양광 모듈도 재활용 시대 · 권필석 · 경향신문(2018. 7. 17.)

30주차
- **01** 예술과 매체, 뫼비우스의 띠 · 심혜련 · 2007학년도 3월 고1 전국연합학력평가
- **02** 잎 없이 꽃을 피운다는 건 · 김흥표 · 경향신문(2017. 3. 7.)
- **03** 질문하는 사람, 질문하는 문화 · 최연구 · 한국일보(2016. 9. 23.)

31주차
- **01** 사회학 · 한국산업사회학회
- **02** 풍속과 현실을 보는 눈 · 김해성
- **03** 버킷 리스트, 오로라 여행 · 이태형 · 세계일보(2017. 3. 31.)

32주차
- **01** 과학을 취하다 과학에 취하다 · 강석기
- **02** 미세 먼지 대응, 기초 연구부터 시작해야 · 김동술 · 동아일보(2017. 4. 3.)
- **03** 자율성을 상실한 삶 · 정태연 · 머니투데이(2016. 8. 5.)

33주차
- **01** 현대 미술 강의 — 순수 미술의 탄생과 죽음 · 조주연
- **02** 협동조합, 참 쉽다 · 이대중
- **03** 무제한 발언권 · 김하수 · 한겨레신문(2016. 2. 28.)

이 글은 앞에서 예방 백신을, 뒤에서 치료 백신을 설명한 뒤 마지막에 치료 백신의 전망을 살펴보며 마무리하고 있어요. 예방 백신과 치료 백신의 차이점에 집중하며 읽어 보세요. 시작이 반이라고 하죠. 33주 차까지 달려가 봅시다!

1주 차

01~04 다음 글을 읽고 물음에 답하시오.

　과거에는 인류의 평균 수명이 현재보다 짧았다. 산업 혁명 시기만 하더라도 전염병에 걸려 사망하는 사람들이 많았지만 항생제와 백신이 등장하면서 수명이 급격히 늘었던 것이다. 항생제가 박테리아를, 예방 백신이 바이러스와 같은 병원균을 주로 처리했기 때문인데, 그렇다면 예방 백신은 어떻게 바이러스를 처리하는 걸까?

　우리 인체는 폐쇄적인 사회에 가깝다. 이것을 유지하는 방어[1] 체계가 면역계이다. 면역계는 제 식구는 감싸지만, 외부에서 들어오는 항원은 공격하여 무력화시킨다. 왜냐하면 이런 이방인을 방치하면 우리 몸의 정교한 시스템이 붕괴[2]되기 때문이다. (㉠) 면역계의 핵심은 '나'와 '남'을 구별하여 '남'을 만나면 없애거나 '남'의 인상착의를 기억해 두었다가 훗날 다시 만나면 없앨 수 있도록 대비하는 것이다. 그런데 처음 만난 자가 너무 강하면 방어할 시간이 없어 한 방의 공격에 무너질 수도 있다. 이를 방지하기 위해서는 인위적으로 약한 이방인을 만들어 몸의 방어 능력을 높이는 것이 필요하다. 이것이 예방 백신이다. 우리가 독감 예방 주사를 맞는 것이 이에 해당한다.

　그러면 몸속 구성원에 이상이 생기면 어떻게 될까? 몸속 구성원에 문제가 생기면, 면역계는 이를 바이러스로 인식하지 못하기 때문에 속수무책이 된다. 실례로 알츠하이머병은 '아밀로이드-β'라는 단백질이 뇌혈관에 쌓여 생기는 병인데, 면역계가 몸속 구성원인 '아밀로이드-β' 단백질을 바이러스로 인식하지 못해 병이 생기는 것이다. 그렇다면 예방 백신의 원리를 응용해서 몸속 구성원의 문제로 생긴 질병을 치료[3]할 수는 없을까?

　몸속 고유 단백질과 유사하게 바이러스로 디자인해 백신으로 맞는 방법이 있을 수 있다. 앞에서 이야기했듯이 면역계는 몸속 고유 단백질에는 반응하지 않기 때문에 위험임을 알려 주는 보조 물질이 필요하다. 이 면역 보조 물질을 고유 단백질에 포함시켜 만든 백신 주사를 맞으면 면역계는 항체를 만들게 된다. 그리고 이 항체는 '말썽'을 일으키는 몸속 고유 단백질을 찾아가 힘을 빼놓거나 제거할 것이다. 이것이 치료 백신이다.

　아직은 임상 시험 단계지만 치료 백신으로 암을 치료할 날도 멀지 않았다. 암세포는 증식 속도가 빠른 것이 특징이다. 정상 세포 중에도 증식 속도가 빠른 것이 있는데 기존의 항암제는 이를 모두 암세포로 오인하여 공격하기 때문에 문제가 발생한다. 항암 치료를 받으면 머리카락이 빠지고 피부색이 변하는 것도 바로 이 때문이다. (㉡) 치료 백신은 몸이 항체를 만들어 면역계를 견고히 다지도록 유도한 다음, 항체로 하여금 암세포를 공격하게 한다. 특정 암세포만 골라서 공격할 수 있으므로 부작용도 당연히 적다. 기존의 항암제가 말썽을 일으키는 고유 단백질을 직접 공격했다면 치료 백신은 간접 공격을 하는 셈이다. 치료 백신의 등장으로 선천적인 면역계를 활성화시켜 질병을 치료하는 방향으로 백신의 영역이 넓어지고 있는 것이다.

어휘와 한자

[1] 防禦
막을 **방**, 막을 **어**

[2] 崩壞
무너질 **붕**, 무너질 **괴**

[3] 治療
다스릴 **치**,
병 고칠 **료(요)**

01 이 글의 내용과 일치하는 것은?

① 박테리아를 처리하는 예방 백신으로 인해 인간의 평균 수명은 과거에 비해 길어졌다.
② 인체의 면역계는 외부에서 들어오는 병원균과 문제를 일으키는 몸속 고유 단백질을 바이러스로 인식한다.
③ 예방 백신은 몸속 구성원에 의한 병을 치료하기 위한 것이고, 치료 백신은 외부에서 전염된 병을 치료하기 위한 것이다.
④ 치료 백신은 이미 걸린 병에 대한 몸속 면역 반응을, 예방 백신은 앞으로 걸릴지도 모를 병에 대한 몸속 면역 반응을 유도하기 위한 것이다.

02 ㉠, ㉡에 들어갈 말을 바르게 연결한 것은?

	㉠	㉡		㉠	㉡
①	그리고	그러나	②	그리고	즉
③	즉	그렇지만	④	다시 말해	그래서

03 이 글에 대한 설명으로 적절하지 않은 것은?

① 비유를 사용하여 핵심 개념의 이해를 돕고 있다.
② 구체적인 사례를 제시하여 논지를 전개하고 있다.
③ 자문자답의 형식을 반복하여 독자의 흥미를 유발하고 있다.
④ 주요 개념을 통시적으로 분석한 후 현재와 미래를 대비하고 있다.

04 이 글을 읽고, 중심 내용을 요약하시오.

숙제용 문제는 《독해야 산다 2 - 점수를 바꾸는 15분》 강의에서 다운로드 받으세요.

1주 차 2회 숙제용 임석재, 《우리 옛 건축과 서양 건축의 만남》 ☐
       3회 숙제용 이주헌, 〈위작에 대한 몇 가지 오해〉 ☐

이 글에서는 베토벤 교향곡의 내적 원리와 19세기 당대의 상황을 통해 베토벤이 서양 음악사의 상징이 된 이유를 설명하고 있어요. 2문단을 통해 다음에 이어질 내용을 파악할 수 있어요. 오늘도 힘차게 독해 훈련 시작!

2주 차

01~04 다음 글을 읽고 물음에 답하시오.

베토벤의 교향곡은 서양 음악사에 한 획을 그은 걸작[1]으로 평가된다. 그 까닭은 음악 소재를 개발하고 그것을 다채롭게 처리하는 창작 기법의 탁월함으로 설명될 수 있다. 연주 시간이 한 시간 가까이 되는 제3번 교향곡 〈영웅〉에서 베토벤은 으뜸화음을 펼친 하나의 평범한 소재를 모티브로 취하여 다양한 변주와 변형 기법을 통해 통일성을 유지하면서도 가락을 다채롭게 들리게 했다. 이처럼 단순한 소재에서 착상하여 이를 다양한 방식으로 가공함으로써 성취해 낸 복잡성은 후대 작곡가들이 본받을 창작 방식의 전형[2]이 되었으며, 유례없이 늘어난 교향곡의 길이는 그들이 넘어서야 할 산이었다.

그렇다면 오로지 작품의 내적인 원리만이 베토벤의 교향곡을 19세기의 중심 레퍼토리로 자리매김하게 했을까? 베토벤의 신화를 이해하기 위해서는 19세기 초 음악사의 중심에 서고자 했던 독일 민족의 암묵적 염원을 들여다볼 필요가 있다. 그것은 1800년을 전후하여 뚜렷하게 달라진 빈(Wien)의 청중의 음악관, 음악에 대한 독일 비평가들의 새로운 관점, 그리고 당시 유행한 천재성 담론에 반영되었다.

빈의 새로운 청중의 귀는 유럽의 다른 지역 청중과는 달리 순수 기악을 향해 열려 있었다. 순수 기악이란 악기에서 나오는 소리 외에는 다른 어떤 것과도 연합되지 않는 음악을 뜻한다. 당시 청중은 언어가 순수 기악이 주는 의미를 담기에 부족하다고 생각했기 때문에 제목이나 가사 등의 음악 외적 단서를 원치 않았다. 그들이 원했던 것은 말로 형용할 수 없는, 무한을 향해 열려 있는 '음악 그 자체'였다.

(㉠) 당시 음악 비평가들은 음악을 앎의 방식으로 이해하기를 원했다. 이는 음악을 정서[3]의 촉발자로 본 이전 시대와 달리 음악을 감상자가 능동적으로 이해해야 할 대상으로 인식하기 시작했음을 뜻한다. 슐레겔은 모든 순수 기악이 철학적이라고 보았으며, 호프만은 베토벤의 교향곡이 '보편적 진리를 향한 문'이라고 주장하였다. (㉡) 당시의 빈의 청중과 독일의 음악 비평가들은 베토벤의 교향곡이 음악의 독립적 가치를 극대화한 음악이자 독일 민족의 보편적 가치를 실현해 주는 순수 기악의 정수라 여겼다.

더욱이 당시 독일 지역에서 유행한 천재성 담론도 베토벤의 교향곡이 특별한 지위를 얻는 데 한몫했다. 그 시대가 요구하는 천재상은 타고난 재능으로 기존의 관습에서 벗어나 새로운 전통을 창조하는 자였다. 베토벤은 이전의 교향곡의 전통을 수용하면서도 자신만의 독창적인 색채를 더하여 교향곡의 새로운 지평을 열었다고 여겨졌다. 베토벤이야말로 이러한 천재라는 인식이 널리 받아들여지면서 그의 교향곡은 더욱 주목받았다.

어휘와 한자

[1] **傑作** 뛰어날 **걸**, 지을 **작**

[2] **典型** 법 **전**, 거푸집 **형**

[3] **情緒** 뜻 **정**, 실마리 **서**

01 이 글의 내용과 일치하면 O, 일치하지 않으면 ×에 표시하시오.
(1) 베토벤의 교향곡은 19세기 초 청중과 음악 비평가들이 원하던 음악이었기 때문에 창작 기법의 평이함에도 불구하고 높은 평가를 받았다. O | ×
(2) 슐레겔은 당시 빈의 청중들과는 달리 순수 기악에 주목하였으며 모든 순수 기악이 철학적이라고 보았다. O | ×
(3) 19세기 초 독일 사람들은 베토벤의 교향곡이 이전의 교향곡의 영향을 전혀 받지 않았다는 점에서 그를 천재라고 인식하였다. O | ×

02 문맥상 ㉠, ㉡에 들어갈 말을 차례로 바르게 제시한 것은?
① 또한, 요컨대
② 즉, 예컨대
③ 하지만, 요컨대
④ 그리고, 예컨대

03 베토벤의 교향곡 에 대해 올바르지 않게 평가한 것은?
① 베토벤의 교향곡은 통일성과 복잡성이라는 모순적인 내적 원리를 담고 있다.
② 베토벤의 교향곡은 언어가 표현할 수 없는 것을 보여 준다는 점에서 언어를 초월하는 예술이다.
③ 베토벤의 교향곡은 인간의 다양한 감정을 유발하기 때문에 19세기 음악 비평가들에게 호평을 받았다.
④ 베토벤의 교향곡은 작품의 내적 원리와 시대의 특수성으로 인해 서양 음악사의 중심이 될 수 있었다.

04 이 글을 읽고, 중심 내용을 요약하시오.

숙제용 문제는 《독해야 산다 2 - 점수를 바꾸는 15분》 강의에서 다운로드 받으세요.

2주 차 **2회 숙제용** 박순성, 〈자유 경쟁 체제, 과연 인간에게 가장 바람직한 제도인가〉 □
3회 숙제용 박종현, 〈킬러의 시장과 시민적 시장〉 □

I'm 독해지기

이 글에는 효율적 선택을 위해 개발된 알고리즘이 배제를 불러일으킬 수 있다는 비판적 인식이 드러나 있어요. 3주 차 숙제용 글에도 정치적, 사회적 상황에 대한 글쓴이의 비판적 인식이 드러나 있으니 반드시 숙제도 함께 학습해 보세요.

3주 차

정답과 해설 86쪽

01~04 다음 글을 읽고 물음에 답하시오.

인간은 자동차보다 빨리 달릴 수 없고, 계산기보다 정확하게 열 자릿수 나눗셈을 할 수 없으며, 컴퓨터보다 많은 것을 기억하는 것은 더욱이 불가능하다. 초고화질 카메라는 우리 눈이 포착[1]하지 못하는 부분을 보여 주고, 고가의 정교한 오디오는 실황 연주보다 생생한 소리를 들려주며, 검색기 없이는 인터넷에서 어떤 것도 찾을 수 없다. (㉠) 우리는 꽤 오랫동안 감각 기관부터 운동 능력, 지적 계산과 추론에서 기계에 의존하며 살아왔다. 기계는 오래전부터 예정된 과정을 따라 발전해 왔을 뿐이다.

문제는 기계가 인간의 능력을 넘어서는 시점이 언제인지가 아니다. 이대로 인간이 기계에 의존한다면 돌아올 수 없는 지점이 어디쯤인가를 물어야 한다. 2012년 구글(Google)은 특정 소비자가 지불할 의사가 있는 최고 가격에 맞춰 시스템이 자동으로 가격을 조정하는 '동적 가격 책정[dynamic pricing]' 기술 특허를 취득했다. 동일 상품에 어떤 소비자는 1만 2,000원까지 낼 의사가 있지만 다른 사람은 8,000원이 최대치라면 균일가보다 사람에 따라 가격에 변화를 주는 게 더 효율적일 것이다. 소비자가 다른 사이트에 가서 자신이 손해 보는 것은 아닌지 확인하지 않을까. 그렇게 가격에 민감한 사람에게는 영민한 인공 지능이 애초에 낮은 가격을 제시할 테니 문제가 없을 공산[2]이 크다.

기계가 선택하는 세상에서는 공정함에 대한 우리의 감각도 달라질 수 있다. 성별을 구분해 서비스에 차별을 준다면 당장 성차별이라고 항의할 테고 젊은 소비자들에게 초점을 두면 노인들은 당연히 환영받지 못한다고 느낄 것이다. 이제 성별과 연령을 섞어 집단을 세분화해 보자. 30대 여성, 40대 남성을 대상으로 하는 서비스에 50대 여성이 차별이라고 느낄까. 그렇다면 이는 성차별인가, 나이에 따른 차별인가. 수천 가지 기준을 더하고 가중치를 주어 결과를 뽑아내는 알고리즘(algorism)*이 무언가를 골라 줄 때 개인은 그것이 차별의 산물인지 여부를 알 수 없다. 단순한 구분과 사회적 차별의 경계는 허물어진다. 실제로 구글과 같은 검색 엔진은 동일 검색어라도 사용자에 따라 다른 결과를 제시하는데 이때 어떤 정보로부터 자신이 배제되는지를 알기는 매우 어렵다. (㉡) 우리 사회의 어떤 목소리들이 묻히고 배제되는지, 누군가 이러한 '통계적 차별'의 희생양이 되지는 않는지 관심을 기울이기 어렵게 될 수도 있다.

'배의 발명은 곧 난파의 발명'이라는 말처럼 효율적 선택을 위해 개발된 알고리즘은 동시에 효율적 배제를 의미한다. 알고리즘이 골라 주는 식당에 가고, 영화를 보고, 음악을 듣고, 뉴스를 읽으며 그렇게 만든 취향과 가치관이 전부인 양 착각하고 사는 동안 우리는 인간의 자유, 다양성, 공정함과 같은 중요한 사안들에서 강제로 멀어질 수도 있다. 정작 두려워해야 하는 것은 인공 지능의 가공할 능력이 아니라 기계에 다가갈수록 더 많은 선택을 위임[3]하는 우리의 마음가짐이 아닐까.

* 알고리즘(algorism): 어떤 문제의 해결을 위하여, 입력된 자료를 토대로 하여 원하는 출력을 유도하여 내는 규칙의 집합

어휘와 한자

[1] 捕捉
사로잡을 포, 잡을 착

[2] 公算
공변될 공, 계산 산

[3] 委任
맡길 위, 맡길 임

01 이 글의 내용과 일치하면 O, 일치하지 않으면 X에 표시하시오.

(1) 구글은 동일 상품에 대해 특정 소비자가 지불할 의사가 있는 최소 가격에 맞추어 시스템이 가격을 조정하는 '동적 가격 책정' 기술 특허를 취득하였다. ◯ | ✕

(2) 서비스 대상 집단을 복잡하게 세분화하는 알고리즘은 개인이 특정 서비스로부터 차별받는지의 여부를 분명히 알 수 없게 만든다. ◯ | ✕

(3) 글쓴이는 인간의 감각 기관부터 운동 능력, 지적 계산과 추론 능력까지 지닌 기계의 능력을 두려워해야 한다고 보고 있다. ◯ | ✕

02 문맥상 ㉠과 ㉡에 들어갈 말로 가장 적합한 것은?

	㉠	㉡		㉠	㉡
①	그리고	그럼에도 불구하고	②	예컨대	그뿐만 아니라
③	요컨대	더 나아가	④	그러나	모름지기

03 이 글에서 글쓴이가 말하고자 하는 중심 내용은?
① 통계적 차별이 발생하지 않도록 공정한 사회를 만들어야 한다.
② 차별화된 서비스를 제공하기 위해서 알고리즘을 활용해야 한다.
③ 기계는 인간의 능력을 보완하므로 기계와 조화를 이루며 살아야 한다.
④ 알고리즘의 효율적 배제를 경계하고 배제된 것들에 관심을 가져야 한다.

04 이 글을 읽고, 중심 내용을 요약하시오.

3주 차 숙제용 문제도 꼭 풀어 보세요. 숙제용 문제는 《독해야 산다 2 - 점수를 바꾸는 15분》 강의에서 다운로드 받으세요.

3주 차 2회 숙제용 김경집, 〈나는 보수다〉 ☐
3회 숙제용 남재일, 〈비웃음, 혐오, 그리고 투표〉 ☐

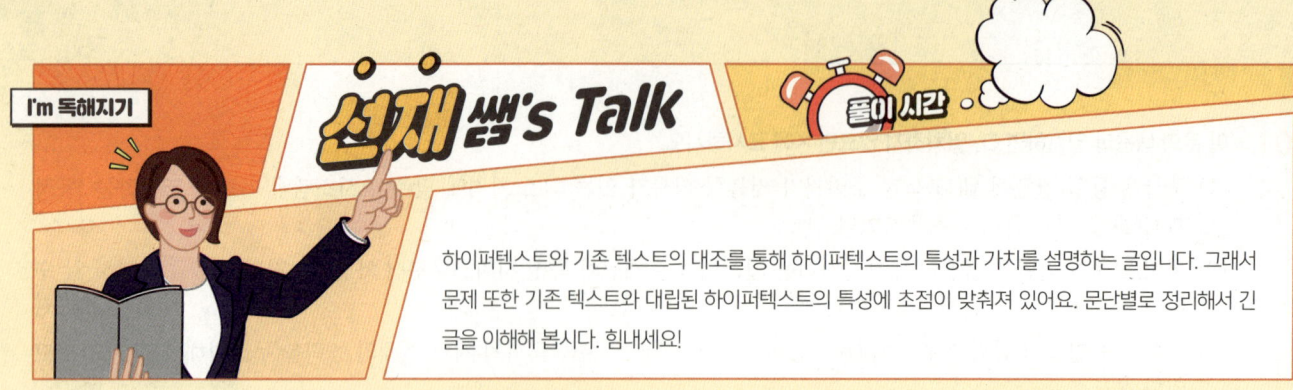

4주 차

01~04 다음 글을 읽고 물음에 답하시오.

하이퍼텍스트*는 종이 위에는 쉽게 표현할 수 없는 복잡한 방법으로 상호 연결된 글이나 그림 자료, 표 등의 조직체로서 그 내용이나 상호 연결 관계에 대한 간단한 개요나 도해를 포함할 수 있으며, 이를 검토한 학자의 주석, 추가 사항, 각주가 포함되기도 한다. 하이퍼텍스트를 기존 텍스트의 구성 방식과 비교[1]해 보면 그 특성이 한결 뚜렷이 드러난다. 책과 같은 기존의 텍스트 구조에서는 구성단위의 전후 관계가 글 전체를 재조직하지 않는 이상 바뀔 수 없으므로 직선적이고 물리적인 흐름 자체가 텍스트의 질을 보장하는 조건이 된다. 시간적 순서 관계이든 인과적 논리 관계이든 일관되고 자연스러운 흐름은 텍스트 구성단위를 물리적으로 결속시키는데, 이 결속력이 안정될수록 저자의 의도[2]가 좀 더 정확하게 독자에게 전달될 수 있다.

(㉠) 하이퍼텍스트는 각 구성단위의 연결이 물리적으로 고정되어 있다고 보기 어렵다. 자립적으로 존재하는 각각의 마디는 연결[link]이라는 기계적 과정에 의해서만 통일성을 지닌 전체로 결속될 수 있다. 그런데 이 연결은 저자가 준비하는 것이기는 하지만 독자가 선택하지 않으면 무의미하다. 하이퍼텍스트의 결속력은 저자의 의도가 아니라 독자의 임의적 선택에 의해서 만들어진다. 하나의 하이퍼텍스트를 관류하는 일관된 흐름이라는 것은 처음부터 존재하지 않으며, 독자의 선택에 따라 만들어지는 경우에도 또 다른 선택에 의해 언제든지 다시 깨어질 수 있는 유동적 상태일 수밖에 없다고 할 수 있다.

하이퍼텍스트의 연결 능력은 책의 각주나 문서 처리 프로그램의 '도움말' 기능에 비교되기도 하는데, 하이퍼텍스트는 사전류의 항목 연결과는 근본적으로 다른 의미를 갖는다. 연결의 편의성이 한결 뛰어나며, 연결된 항목이 새로운 중심 텍스트가 될 수 있기 때문이다. 하이퍼텍스트는 방대한 정보 항목과 편리한 검색 기능을 갖는다는 점에서 데이터베이스 개념과 비슷한데, 책과 같은 전통적 정보 체계와 달리 유연하고 비연속적이면서 대단히 복잡한 체계를 갖는다.

비직선적이고 유동적인 하이퍼텍스트에서는, 기존의 책에서는 불가능한 비연속적 쓰기와 읽기가 가능하다. 지금까지 모든 글쓰기의 핵심은 텍스트의 자율성과 내적 통일성에 대한 강조로 요약될 수 있으며, 이에 맞춰 글 읽기는 텍스트의 내적 질서를 의미론적으로 재해석해 내는 과정과 다르지 않았다. (㉡) 글을 쓰는 것은 대상에 대한 통일적 재현이며, 읽는 것은 독자의 상상력을 통한 재구성이었던 것이다.

그런데 하이퍼텍스트의 유동성*은 텍스트의 자율성과 내적 통일성을 뿌리에서부터 흔들어 놓았다. 하이퍼텍스트의 형식적 유동성은 텍스트가 그 자체로 고정되어 있는 것이 아니라 상태의 변화를 지향하는 동적, 과정적 개념을 내포하고 있음을 의미한다. 저자의 사상은 서론, 본론, 결론으로 이어지는 직선적 틀 안에 갇힐 필요가 없으며, 부분적인 사유의 흔적을 연결하는 것으로도 텍스트 구성은 마무리될 수 있다. 중요한 것은 연결 관계의 논리성이 아니라 다양함과 풍부함이다. 논리든 순차든 의미 있는 재구성은 독자의 몫으로 남는 것이다. 결국, 글쓰기와 읽기로서의 하이퍼텍스트는 그 유연한 연결 능력으로 말미암아 텍스트가 놓인 맥락[3]이 중시되고 독자의 능동적 참여가 전제되는 대화적 형식이라 할 수 있다.

어휘와 한자

[1] 比較
견줄 비, 견줄 교

[2] 意圖
뜻 의, 그림 도

[3] 脈絡
맥 맥, 헌솜 락(낙)

* 하이퍼텍스트(hypertext): 사용자에게 비순차적인 검색을 할 수 있도록 제공되는 텍스트. 문서 속의 특정 자료가 다른 자료나 데이터베이스와 연결되어 있어 서로 넘나들며 원하는 정보를 얻을 수 있다.
* 유동성(流動性): 형편이나 경우에 따라 이리저리 변동될 수 있는 성질

01 이 글의 내용과 일치하지 않는 것은?
① 책과 달리 하이퍼텍스트의 결속력은 독자의 선택에 의해 형성되고 변화한다.
② 하이퍼텍스트는 사전류보다 텍스트 간의 연결 능력이 뛰어나며 책보다 유연하고 비연속적이다.
③ 하이퍼텍스트는 데이터베이스처럼 방대한 정보 항목과 편리한 검색 기능을 갖는다.
④ 하이퍼텍스트는 책보다 텍스트가 놓인 맥락과 텍스트의 연결 관계의 논리성이 중시된다.

02 ㉠, ㉡에 들어갈 알맞은 말을 차례로 제시한 것은?
① 그리고, 다시 말해
② 그러나, 곧
③ 그런데, 가령
④ 따라서, 예컨대

03 이 글을 읽고 답을 찾을 수 있는 질문으로 적절하지 않은 것은?
① 기존 텍스트와 하이퍼텍스트에서 독자의 역할은 무엇인가?
② 도움말 기능에 수록된 하이퍼텍스트의 특징은 무엇인가?
③ 기존 텍스트가 결속력을 가질 수 있는 방법은 무엇인가?
④ 하이퍼텍스트에 포함할 수 있는 것은 무엇인가?

04 이 글을 읽고, 중심 내용을 요약하시오.

I'm 독해지기

선재쌤's Talk

이 글에는 '크로노스적 시간, 카이로스적 시간'이라는 대립적 개념이 등장해요. 이런 글에서는 비교·대조 내용을 뒤바꾸어 문제를 구성하는 경우가 많으니 참고하세요. 카이로스적 시간으로 사는 여러분을 응원합니다.

5주 차

정답과 해설 88쪽

01~04 다음 글을 읽고 물음에 답하시오.

인간은 두 종류의 탄생성을 지니고 있다. 하나는 ㉮ '외면적 탄생'이고 또 다른 하나는 ㉯ '내면적 탄생'이다. 외면적 탄생은 생물학적 생명을 지닌 존재로서의 탄생이며 달력의 시간인 '크로노스적 시간'과 관계되어 있다. 이 탄생은 나의 의지와 상관없이 일어나며, 유일한 사건이다. 반면 내면적 탄생은 의미의 시간, 즉 '카이로스적 시간'과 맺어져 있다. 전적으로 나의 의지와 결단에 의해 가능해지는 사건이며 지속적으로 경험하게 된다.

1월[January]의 영어 말은 과거와 미래, 전쟁과 평화, 종국과 시작 등 현실 세계의 다양한 두 축을 상징하는 의미의 두 얼굴을 담고 있는 '야누스(Janus)'라는 신의 이름을 담고 있다. 1월은 달력의 크로노스적 시간을 통해서 의미의 시간인 카이로스적 시간을 생각하게 하는 야누스적 시기이다. 미디어는 경쟁적으로 새해 이벤트를 보여 주면서 달력의 새해가 마치 모든 것을 새롭게 해 주는 마술적 힘이 있는 것처럼 우리를 들뜨게 한다. 12월 31일에는 한 해의 마지막 날이라기보다는 새해 전날[New Year's Eve]로서 새해를 맞이하는 흥분된 모습들이 곳곳에서 등장한다. 달력 속의 새해가 과거의 어둠을 물리치고 전적으로 새로움을 가져다줄 것이라는 착각[1]을 하게 만드는 것이다. 1월의 시작은 이렇게 삶의 기적과 같은 새로움으로의 막연한 기대 속에 우리를 붙잡아 놓는다.

(㉠) 달력 속 새해의 시작인 1월이 점차 기울어 가면서, 우리 대부분은 새해 자체가 새로움을 가져올지 모른다는 기대란 전적으로 환상일 뿐이라는 아픈 사실을 받아들여야 하는 지점에 이른다. 달력의 새해에 자신을 맡겨 놓는다고 해서, 나의 삶에 새로움이 저절로 찾아오는 것은 아니라는 것이다. 달력 속의 크로노스적 새해는 생물학적 탄생처럼 나의 의지와 상관없이 오는 것이지만, 카이로스적 시간인 의미의 새해는 나 자신의 철저한 의지, 개입, 그리고 열정에 의해서만 가능할 뿐이다. 나의 새해, 즉 카이로스적인 의미의 새해에 대하여 진지하게 성찰[2]해야 하는 이유이다.

나의 삶에 대한 자신의 기대와 비전을 새롭게 형성하는 의도적 노력이 비로소 크로노스와 카이로스적 새해가 만나는 '나'의 새해의 문을 열게 한다. 내면적 탄생성에 의해 가능해지는 나의 새해인 카이로스적 새해는 세 가지 중요한 요소들을 필요로 한다. 첫째, 자신이 새로운 존재가 될 수 있다는 내면적 탄생성에 대한 믿음. 둘째, 새로운 존재로서의 삶을 만들어 갈 수 있다는 가능성에 대한 지순한 열정. 셋째, 자신의 새로운 삶에 대한 믿음에 근거한 미래에 대한 희망이다. 새로운 내면적 탄생의 가능성에 대한 믿음, 그 내면적 탄생을 모색[3]하는 포기하지 않는 열정, 그리고 그러한 새로움으로 시작되는 미래에 대한 희망이란 결국 우리에게 주어진 이 삶에 대한 사랑에 의해 형성되고, 추구되고, 또한 실천적으로 작동되는 것들이다.

어휘와 한자

[1] 錯覺
섞일 **착**, 깨달을 **각**

[2] 省察
살필 **성**, 살필 **찰**

[3] 摸索
본뜰 **모**, 찾을 **색**

01 이 글의 내용과 일치하면 O, 일치하지 않으면 X에 표시하시오.

(1) 야누스적 시기인 1월은 카이로스적 시간을 바탕으로 크로노스적 시간의 의미를 생각하게 한다. ⬜ O ｜ X ⬜

(2) 크로노스적 새해가 삶에 새로움을 가져오리라는 막연한 기대감은 12월 31일에 새해를 맞이하는 사람들의 흥분된 모습에서 엿볼 수 있다. ⬜ O ｜ X ⬜

(3) '나'의 인생에서 카이로스적 새해를 열기 위해서는 새로운 내면적 탄생의 가능성에 대한 믿음, 이를 모색하는 열정, 미래에 대한 희망을 가져야 한다. ⬜ O ｜ X ⬜

02 ㉮, ㉯에 대한 이해로 가장 적절한 것은?

① ㉮는 있지만 ㉯는 없는 생명체가 존재할 수 있다.
② 미디어의 새해 이벤트는 ㉮와 ㉯를 모두 강조할 것이다.
③ 카이로스적 의미의 새해를 맞이하기 위해서는 ㉮가 필요하다.
④ 생물학적 탄생은 저절로 일어난 사건이므로 ㉯와 연관되어 있다.

03 문맥상 ㉠에 들어갈 말로 가장 적합한 것은?

① 따라서
② 그러나
③ 하물며
④ 요컨대

04 이 글을 읽고, 중심 내용을 요약하시오.

이 글에서는 실험을 통해 '과잉 정당화 효과'를 설명한 뒤, '지나친 보상은 오히려 역효과를 일으킬 수 있다'라는 주장을 제시하고 있어요. 실험 과정을 거쳐 결과를 도출해 내는 전개 방식은 시험에서 자주 출제되니 주의 깊게 읽어 보세요.

6주 차

정답과 해설 89쪽

01~04 다음 글을 읽고 물음에 답하시오.

　사람들은 대부분 자신이 한 행동에 대한 보상이 많으면 많을수록 그 행동을 더 자주 하게 될 것이라고 생각한다. 그런데 이런 생각은 정말 옳은 것일까?
　에드워드 데시는 이와 관련하여 한 가지 실험[1]을 하였다. 그는 학생들을 두 집단으로 나누어 그중 ⓐ 한 집단은 퍼즐을 풀 때마다 보상을 주었고, 나머지 한 집단에게는 퍼즐을 풀어도 보상을 주지 않았다. 이렇게 퍼즐을 몇 번 풀게 한 후에 학생들을 실험실에서 내보내고 다시 퍼즐을 할 기회를 주었다. 두 집단의 학생들 중 어떤 학생들이 퍼즐 놀이에 많이 참여했을까? 보상 없이 퍼즐을 풀었던 집단의 학생들은 대부분 퍼즐 놀이를 한 반면, 보상을 받고 퍼즐을 풀었던 학생들은 퍼즐 놀이에 별로 참여하지 않았다. 이 실험은 다른 심리학자들에 의해서 다양한 조건으로 변형되어 반복되었고 그때마다 거의 비슷한 결과가 나타났다.
　이와 같은 실험의 결과는 '과잉[2] 정당화 효과'에 의해 나타난 것이다. 과잉 정당화 효과란 자기 행동의 동기를 자기 내부에서 찾지 않고 외부에서 주어진 보상 탓으로 돌리는 현상을 말한다. 사실 이러한 과잉 정당화 효과는 데시의 실험 이전에도 언급된 적이 있었다. 다릴 벰은 인간은 다른 동물들과는 달리, 자기가 하는 행동을 스스로 관찰할 수 있는 동물이라고 말했다. 인간은 자신이 하는 행동을 관찰하고 자신이 어떤 상태인지를 파악한다는 것이다. (㉠) 자신이 보상을 받고 어떤 일을 한다면 자신이 그 일을 하는 것은 보상 때문이라고 생각하게 되고, 보상이 없는데도 어떤 일을 한다면 그것은 정말 좋아서 하는 것이라고 믿게 된다는 것이다.
　그렇다면 어떤 경우에 과잉 정당화 효과가 잘 일어날까? 돈이나 음식, 혹은 상품 같은 물질적인 보상이 과잉 정당화 효과를 잘 일으키는 반면, 칭찬이나 관심과 같은 심리적이고 비물질적인 보상은 과잉 정당화 효과를 잘 일으키지 않는다. 그리고 어떤 일을 얼마나 잘 했는지를 고려하지 않고 단지 그 일을 수행한 것만으로 보상을 하는 경우에 과잉 정당화 효과가 일어날 가능성이 높다. 다시 말해 성취도에 따라서 체계적으로 주어지는 보상은 그것이 물질적이라 할지라도 과잉 정당화 효과가 잘 나타나지 않는다. 하지만 성취도와 상관없이 주어지는 보상은 그것이 비록 칭찬 같은 비물질적 보상이라 할지라도 과잉 정당화 효과가 나타날 가능성이 높다.
　과잉 정당화 효과가 의미하는 바는 보상이 능사가 아니라는 것이다. 지나친 보상은 어떤 일을 하고자 하는 내적 동기를 약화시킬 수도 있기 때문이다. 그런 면에서 과잉 정당화 효과는 지나친 보상이 오히려 역효과를 불러일으킬 수도 있다는 역설[3]을 담고 있다.

어휘와 한자

[1] 實驗
　열매 실, 시험 험

[2] 過剩
　지날 과, 남을 잉

[3] 逆說
　거스를 역, 말씀 설

01 이 글의 내용과 일치하면 O, 일치하지 않으면 X에 표시하시오.

(1) 에드워드 데시의 실험에서 ⓐ가 퍼즐 놀이에 참여하지 않게 된 이유는 행동의 동기를 자기 내부에서 찾았기 때문이다. O | X

(2) 같은 조건에서 과잉 정당화 효과는 심리적 보상보다 물질적 보상이 주어질 때 더 잘 일어난다. O | X

(3) 과잉 정당화 효과는 성취도에 따라 체계적으로 물질적 보상이 주어질 경우 가장 잘 일어난다. O | X

02 '보상'에 대한 글쓴이의 생각과 어울리는 한자 성어로 가장 적절한 것은?
① 多多益善
② 不偏不黨
③ 過猶不及
④ 一擧兩得

03 문맥상 ㉠에 들어갈 말로 가장 적절한 것은?
① 그리고
② 예를 들면
③ 그러나
④ 따라서

04 이 글을 읽고, 중심 내용을 요약하시오.

6주 차 숙제용 문제도 꼭 풀어 보세요.   숙제용 문제는 《독해야 산다 2 - 점수를 바꾸는 15분》 강의에서 다운로드 받으세요.

| 6주 차 | 2회 숙제용 〈고전 문헌에 나타난 한글과 한자의 혼용 방식〉 | ☐ |
| | 3회 숙제용 김형배, 〈모아쓰기〉 | ☐ |

정치에 관한 근본적 개념을 '공동체적 정치관', '도구적 정치관'으로 분류하여 각 정치관을 소개하고 있는 글이에요. 정치관에 따라 사람들이 정치에 무관심한 현상을 어떻게 바라보는지 확인해 볼까요?

7주 차

01~04 다음 글을 읽고 물음에 답하시오.

정치 사상사에서 정치에 관한 근본적 개념은 대체로 두 가지, 곧 ⓐ 공동체적 정치관과 ⓑ 도구적 정치관으로 분류할 수 있다. 공동체적 정치관에 따르면 정치란 '참여적이고 민주적이며, 평등적이고 공공 정신에 의해 발양[1]되는 것이며, 인간을 그들의 관심과 추구하는 바에 따라 대하는' 인간 상호 간의 활동이다. (㉠) 공적 생활에 참여하는 행위는 인간됨을 완성하는 것이며 인간됨을 위해서는 정치 참여가 필수적이다. 공동체적 정치관은 건전한 정치 체제와 개인의 자아 발전을 위해서 정치 참여의 내재적 중요성을 강조한다.

이와는 달리 도구적 정치관은 위계질서, 조직, 엘리트로 구성된 정치 생활을 상정한다. 또한 정치 생활은 희소[2]한 재화와 자원 등을 둘러싼 경쟁적인 투쟁으로 특징지어진다. 이 견해에 의하면, 현실의 정치는 권력과 이익을 추구하는 일종의 게임과 같은 것으로서 정치 제도는 특정한 사람들이 자신의 이익과 권력을 나머지 사람들의 위협에 대항하여 보존하는 데 봉사하는 것이다. (㉡) 도구적 정치관에 따르면 정치 참여란 그 자체가 내재적인 가치를 지니지 않으며 다만 일반 시민이 자신의 사적인 관심과 이익을 추구하기 위해 사용하는 다양한 수단 중의 하나에 불과하다. 인간은 정치 영역에서 권력이나 사적인 이익을 추구함에 있어 다른 인간들을 협상, 선전, 조작의 대상과 수단으로 삼으며, 사람들은 그들 자신의 사회, 경제적 이익을 위해서 무엇인가를 원할 때 정치에 참여하게 된다는 것이다.

공동체적 정치관은 인간을 그 본성상 정치적 동물로 보는 데 반해 도구적 정치관은 이를 부인[3]한다. 공동체적 정치관에 따르면 인간은 '자연적으로' 그리고 '정상적으로' 정치 생활에 적극적으로 관여하고자 한다. 다만 그 잠재성의 실현이 현실에 있어서는 방해받을 수 있을 뿐이다. 따라서 '자연스러운' 정치적 관심이나 참여가 특별한 설명을 필요로 하는 것이 아니라 부자연스러운 정치적 무관심이나 불참이 특별한 설명을 필요로 하는 것이 된다. 반대로 도구적 정치관에 따르면 인간은 기본적으로 정치에 관심이 없으며 정치란 주변적인 활동에 불과하다. 인간의 자연적인 상태는 정치적인 휴지(休止), 즉 정치적 활동의 부재 상태이다. 정치란 소수의 정치가들 이외에는 그 자체로서 가치가 있거나 의미 있는 활동이 아니기 때문에 인간이 기본적으로 비정치적이 되고자 하는 것은 당연하다.

따라서 시민들이 정치에 참여하지 않거나 무관심한 현상을 '소외'로 보는 견해는 공동체적 정치관과 깊은 연관성이 있고, '초연함'으로 보는 견해는 도구적 정치관과 연관성이 있다고 할 수 있다. 공동체적 정치관은 정치 활동에 참여하는 것이 인간의 기본적 욕구를 만족시키는 활동이라고 여기기 때문에 정치적 무관심이나 비참여를 정치적 소외의 차원에서 논의할 수 있다. 그러나 도구적 정치관에 따르면 정치 활동이란 보다 본질적인 인간의 사적인 경제 활동이나 사회적인 활동을 보호, 촉진하기 위한 주변적인 활동에 불과하기 때문에, 정치적 무관심이나 비참여는 오히려 정상적인 것으로 여겨진다. 이러한 입장에서 본다면 정치 참여의 중요성은 선거에서 투표 등을 통해 정치가들의 권력 남용을 방지하기 위해 필요한 보조적인 활동으로서 거론될 뿐이다.

어휘와 한자

[1] **發揚** 필 발, 오를 양

[2] **稀少** 드물 희, 적을 소

[3] **否認** 아닐 부, 알 인

01 이 글의 내용과 일치하면 O, 일치하지 않으면 ×에 표시하시오.
(1) 공동체적 정치관에서는 도구적 정치관과는 달리 정치 참여의 내재적 가치를 주장한다. ○ | ×
(2) 도구적 정치관을 지닌 사람들은 시민들의 정치적 무관심이나 비참여를 자연스러운 현상으로 본다. ○ | ×
(3) 도구적 정치관을 지닌 사람들은 정치가의 권력 남용을 방지하기 위해 필요한 활동 정도로 정치 참여의 중요성을 논의한다. ○ | ×

02 ㉠, ㉡에 공통으로 들어갈 말로 적절한 것은?
① 그리고, 또한 등
② 즉, 다시 말해 등
③ 하지만, 그러나 등
④ 따라서, 그러므로 등

03 ⓐ의 관점에서 ⓑ를 비판한 내용으로 가장 적절한 것은?
① 인간 소외 현상을 해결하기 위해서는 정치 활동에 참여해야 한다.
② 인간다움의 실현과 개인의 자아 발전을 위해서는 정치 활동에 참여해야 한다.
③ 정치에 대한 무관심은 사회의 위계질서를 무너뜨리므로 정치 활동에 참여해야 한다.
④ 정치는 곧 경쟁이므로 경쟁 사회에서 살아남기 위해서는 정치 활동에 참여해야 한다.

04 이 글을 읽고, 중심 내용을 요약하시오.

7주 차 숙제용 문제도 꼭 풀어 보세요.

숙제용 문제는 《독해야 산다 2 – 점수를 바꾸는 15분》 강의에서 다운로드 받으세요.

7주 차 2회 숙제용 이상욱, 〈같은 이야기, 달리 듣지 않기 위해〉 ☐
3회 숙제용 제임스 글리크, 《카오스 – 현대 과학의 대혁명》 ☐

이 글에서는 의사를 양성하기 위한 임상 교육 과정이 처한 위기와 그 원인을 찾고, 대책 마련을 촉구하고 있어요. 전개 방식을 묻는 문제가 있으니, 글의 전개 방식에 유의해서 읽어 보세요.

8주 차

01~04 다음 글을 읽고 물음에 답하시오.

우리는 사회적으로 중요하고 전문적인 일들을 해결하기 위해 프로페셔널이라 불리는 사람들을 양성한다. 의료인, 법률가 등이 대표적인 예이다. 프로페셔널의 업무 영역은 한 치의 실수도 용납되지 않는 철저함, 고도의 윤리성, 자신의 행위를 세밀하게 모니터하고 관리하는 자기 통제 등을 특징으로 한다. 이들은 사회의 특수한 요구를 해결하는 존재이기 때문에 전문적인 양성 과정을 갖추고 자격을 관리하며 이 과정을 사회가 어떤 형태로든 지원한다. 의사는 사람의 생명을 다루기 때문에 '철저함, 윤리성, 자기 통제'와 같은 프로페셔널의 특성을 가장 잘 갖추어야 하는 전문직이다. 이 때문에 의사 양성을 위해서는 아직 면허가 없는 학생들이 환자를 돌보는 과정에 참여하도록 허용하는 것이다. 이것은 미래 사회의 특수한 요구를 해결할 전문가를 양성하기 위한 사회적 투자이다.

본과 3, 4학년 임상* 교육 과정을 통해 환자 진료에 참여하는 것은 의사가 되기 위해서 필수 불가결한 과정이다. 의학은 수학이나 물리학처럼 잘 정의된, 체계적이고 과학적인 학문이 아니라 복잡성, 불확실성, 예측 불가능성, 역설을 특징으로 하는 마치 '진흙탕' 같은 불완전 과학이다. 교과서로만 배울 수 없고 실제 환자를 진단하고 치료하는 반복적 경험을 통해서만 습득¹될 수 있는 경험 과학인 것이다.

(㉠) 1990년대 무렵부터 임상 교육 과정이 위기에 직면해 있다. 원인은 2가지로 요약된다. 첫째, 환자의 권리 의식이 높아지면서 면허도 없고 숙련되지 않은 학생들에게 몸을 맡길 수 없다는 생각이 늘어나고 있다. 1980년대만 해도 많은 환자들이 학생들의 실수에도 오히려 용기를 북돋워 주고 요령을 가르쳐 주기까지 했다. 그러나 이제는 의료라는 상품의 소비자로서 설익은 서비스를 거부하는 태도가 지배적이다. 둘째, 이 같은 시대 변화에 따라 병원들도 서비스 중심으로 시스템을 재편해 왔다. 병원은 수익²을 위해 미리 알아서 암묵적으로 학생들의 환자 접촉을 차단하는 경향이 생긴 것이다.

실습을 충분히 못한 학생들이 좋은 의사가 될 수는 없다. 몇몇 개발 도상국의 경우, 교육부 소속의 의과 대학과 보건부 소속의 병원 사이에 협조³가 이루어지지 않아 임상 실습을 하지 못해 진료 능력을 갖추지 못한 의사들이 양산되고 있다. 컴퓨터 과학의 발달로 마치 실제 사람 같이 반응하는 마네킹으로 연습을 하는 것도 가능하지만, 이것은 실제 환자를 만나기 위한 준비 과정으로서만 의미를 갖는다.

물론 환자의 프라이버시는 반드시 존중되어야 한다. (㉡) 의사 양성에 필수적인 임상 실습 과정을 어떻게 유지할 것인가에 대해서도 진지한 사회적 논의가 전개되어야 한다. 여기에는 의료가 서비스 상품인가 공공재인가, 교육 병원에서 환자의 프라이버시는 어느 선까지 지켜져야 하는가, 교육 병원의 3대 역할인 진료, 연구, 교육 중 우선순위는 어디에 두어야 하는가 등 단순하지 않은 문제들이 개입되어 있다. '모든 국민은 그 자격에 값하는 의사를 가진다'라는 말이 있다. 후손들에게 실력 있는 의사를 물려주고자 한다면 이 문제를 더욱 공론화하여 환자의 프라이버시와 실력 있는 의사 양성이라는 두 마리 토끼를 동시에 잡는 사회적 지혜를 이끌어 내야 할 것이다.

* 임상(臨床): 환자를 진료하거나 의학을 연구하기 위하여 병상에 임하는 일

어휘와 한자

1 習得
익힐 습, 얻을 득

2 收益
거둘 수, 더할 익

3 協調
도울 협, 고를 조

01 이 글의 내용과 일치하면 O, 일치하지 않으면 ×에 표시하시오.

(1) 의학은 복잡하고 불확실하며 예측 불가능하기 때문에 의과 학생들이 임상 경험을 반복하는 것은 무엇보다 중요하다. O | ×

(2) 양질의 의료 서비스를 요구하는 시대의 변화에 따라 요즘의 병원들은 학생들의 환자 접촉을 사전에 차단하고 있다. O | ×

(3) 실력 있는 의사 양성을 위해 의과 학생들의 임상 실습만을 위한 교육 병원을 운영해야 한다. O | ×

02 문맥상 ㉠과 ㉡에 들어갈 말로 가장 적합한 것은?

	㉠	㉡		㉠	㉡
①	이 때문에	하물며	②	바야흐로	이에 따라
③	더욱이	그런 만큼	④	그러나	그러나

03 이 글에서 사용된 내용 전개 방식으로 적절하지 않은 것은?

① 반달 돌칼은 곡물의 이삭을 따는 데 쓰인 청동기 시대의 농기구이다.
② 무분별한 벌채로 비가 올 때마다 흙이 쓸려 내려갔고 그 결과 산은 더욱 헐벗게 되었다.
③ 시나리오는 장면 전환이 자유롭지만, 희곡은 일정한 무대 위에서 상연되기 때문에 장면 전환에 제약이 있다.
④ 개나리, 무궁화, 장미 등은 봄이나 여름에 피는 대표적인 꽃이다.

04 이 글을 읽고, 중심 내용을 요약하시오.

숙제용 문제는 《독해야 산다 2 - 점수를 바꾸는 15분》 강의에서 다운로드 받으세요.
8주 차 2회 숙제용 고재현, 〈초고압 물리 신비의 세계〉 ☐
3회 숙제용 이덕환, '보이지 않는 적' 독성 물질〉 ☐

9주 차

01~04 다음 글을 읽고 물음에 답하시오.

음식이 상한 것과 가스가 새는 것을 쉽게 알아차릴 수 있는 것은 우리에게 냄새를 맡을 수 있는 후각[1]이 있기 때문이다. 이처럼 후각은 우리 몸에 해로운 물질을 탐지하는 문지기 역할을 하는 중요한 감각이다. 어떤 냄새를 일으키는 물질을 '취기재(臭氣材)'라 부르는데, 우리가 어떤 냄새가 난다고 탐지할 수 있는 것은 취기재의 분자가 코의 내벽에 있는 후각 수용기를 자극하기 때문이다.

일반적으로 인간은 동물만큼 후각이 예민[2]하지 않다. 물론 인간도 다른 동물과 마찬가지로 취기재의 분자 하나에도 민감하게 반응하는 후각 수용기를 갖고 있다. 하지만 개[犬]가 10억 개에 이르는 후각 수용기를 갖고 있는 것에 비해 인간의 후각 수용기는 1천만 개에 불과하여 인간의 후각이 개의 후각보다 둔한 것이다.

우리가 냄새를 맡으려면 공기 중에 취기재의 분자가 충분히 많아야 한다. (㉠), 취기재의 농도가 어느 정도에 이르러야 냄새를 탐지할 수 있다. 이처럼 냄새를 탐지할 수 있는 최저 농도를 '탐지 역치'라 한다. 탐지 역치는 취기재에 따라 차이가 있다. 우리가 메탄올보다 박하 냄새를 더 쉽게 알아챌 수 있는 까닭은 메탄올의 탐지 역치가 박하 향에 비해 약 3,500배가량 높기 때문이다.

취기재의 농도가 탐지 역치 정도의 수준에서는 냄새가 나는지 안 나는지 정도를 탐지할 수는 있지만 그 냄새가 무슨 냄새인지 인식[3]하지 못한다. (㉡) 냄새의 존재 유무를 탐지할 수는 있어도 냄새를 풍기는 취기재의 정체를 인식하지는 못하는 상태가 된다. 취기재의 정체를 인식하려면 취기재의 농도가 탐지 역치보다 3배가량은 높아야 한다. (㉢) 취기재의 농도가 탐지 역치 수준으로 낮은 상태에서는 그 냄새가 꽃향기인지 비린내인지 알 수 없는 것이다. 한편 같은 취기재들 사이에서는 농도가 평균 11% 정도 차이가 나야 냄새의 세기 차이를 구별할 수 있다고 알려져 있다.

(A) 【연구에 따르면 인간이 구별할 수 있는 냄새의 가짓수는 10만 개가 넘는다. 하지만 그 취기재가 무엇인지 다 인식해 내지는 못한다. 그 이유는 무엇일까? 한 실험에서 실험 참여자에게 실험에 쓰일 모든 취기재의 이름을 미리 알려 준 다음, 임의로 선택한 취기재의 냄새를 맡게 하고 그 종류를 맞히게 했다. 이때 실험 참여자가 틀린 답을 하면 그때마다 정정해 주었다. 그 결과 취기재의 이름을 알아맞히는 능력이 거의 두 배로 향상되었다.】

위의 실험은 특정한 냄새의 정체를 파악하기 어려운 이유가 냄새를 느끼는 능력이 부족하기 때문이 아님을 보여 준다. 그것은 우리가 모든 냄새에 대응되는 명명 체계를 갖고 있지 못할 뿐만 아니라 특정한 냄새와 그것에 해당하는 이름을 연결하는 능력이 부족하기 때문이다. 즉 인간의 후각은 기억과 밀접한 관련이 있는 것이다. 이에 따르면 어떤 냄새를 맡았을 때 그 냄새와 관련된 과거의 경험이나 감정이 떠오르는 일은 매우 자연스러운 현상이다.

어휘와 한자

[1] 嗅覺
냄새 맡을 후, 깨달을 각

[2] 銳敏
날카로울 예, 민첩할 민

[3] 認識
알 인, 알 식

01 이 글의 내용과 일치하면 O, 일치하지 않으면 ×에 표시하시오.
(1) 일반적으로 탐지 역치가 낮은 취기재보다 높은 취기재의 정체를 알아차리기가 쉽다.   O | ×
(2) 동물이 인간보다 후각 능력이 뛰어난 것은 후각 수용기를 인간보다 많이 갖고 있기 때문이다.   O | ×
(3) 인간은 개보다 후각 수용기가 예민하지 않기 때문에 취기재가 같으면 구별할 수가 없다.   O | ×

02 문맥상 ㉠~㉢에 공통으로 들어갈 말로 적절한 것은?
① 그리고, 또한 등
② 즉, 다시 말해 등
③ 하지만, 그러나 등
④ 예컨대, 예를 들어 등

03 (A)의 실험을 이해한 내용으로 적절하지 않은 것은?
① 실험 참여자가 냄새를 맡을 수 있는 이유는 공기 중 취기재의 농도와 탐지 역치의 수준이 비슷했기 때문이다.
② 실험 참여자가 냄새를 맡을 수 있는 이유는 공기 중 취기재의 분자가 후각 수용기를 자극했기 때문이다.
③ 실험 참여자가 냄새의 정체를 인식할 수 있는 이유는 탐지 역치가 취기재의 농도보다 높았기 때문이다.
④ 실험 참여자가 냄새의 정체를 인식할 수 있는 이유는 취기재에 대응하는 이름을 연결할 수 있었기 때문이다.

04 이 글을 읽고, 중심 내용을 요약하시오.

숙제용 문제는 《독해야 산다 2 - 점수를 바꾸는 15분》 강의에서 다운로드 받으세요.

9주 차 **2회 숙제용** 김기태, 〈미디어의 양면성〉   □
3회 숙제용 원용진, 《광고 문화 비평》   □

이 글에서는 서양 음악과 우리 전통 음악에 나타나는 장단의 특성을 설명한 뒤, 마지막 부분에서 내용을 확장하여 결론을 내리고 있어요. 이를 고려해 숙제용에서는 예술과 교육 분야의 글을 다루었으니 숙제용 글도 잊지 말고 꼭 풀어 보세요.

10주 차

01~04 다음 글을 읽고 물음에 답하시오.

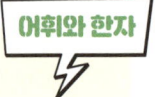

　서양에서 여러 악장으로 한 곡을 만드는 관습은 기악곡, 특히 춤곡과 관련이 깊다. 느린 춤곡과 빠른 춤곡을 쌍으로 만드는 것이다. 운동을 할 때 빠른 동작부터 하지 않고 천천히 시작해 점점 빨라지는 것과 같은 이치이다. 바로크 시대에 이르러 기악곡의 발전이 이루어졌는데 이때 느림-빠름-느림-빠름과 빠름-느림-빠름의 배열이 정형화되었다. 음악 애호가들에게 익숙한, ⓐ 첫 악장이 빠른 4악장 혹은 3악장 체제는 고전주의 미학이 확립되는 18세기 후반, 즉 하이든과 모차르트 시대에 확립된다.
　이때의 변화는 단순히 빠르기 배열을 바꾸는 것 이상의 의미를 가진다. 그것은 이 시대의 미학이 반영된 결과였다. 인간의 의지와 이성이 순수한 기악 음악에 투영❶되어 나타난 절대 음악의 등장이다. 그동안 큰 의미 없이 느슨하게 병렬되어 있던 악장들은 마치 피라미드처럼 단단하고도 논리적으로 결속된다. 첫 악장은 다음 부분을 위해 분위기를 연출해 주는 부분이 아니라 얘기의 주제를 제시하는 주된 악장이 된다. 그렇게 구성된 곡은 그 분명한 존재감과 완결성으로 말미암아 우리 앞에 살아 있는 하나의 대상으로 나타나게 되어 우리로 하여금 〈주피터〉니 〈비창〉이니 하는 이름을 붙일 수 있게 한다.
　느린 악장에서도 변화가 일어난다. 느린 악장은 이제 준비를 위한 악장이 아니다. 그것은 빠른 악장의 다음에 나오는 휴식과 반성과 명상의 악장이다. 1악장이 논리와 주장을 펼친다면 2악장은 그 논리와 주장을 반추❷한다. 1악장이 음악을 건축물처럼 쌓아 형식을 통해 음악을 보여 준다고 한다면 느린 악장은 서정적인 선율로 감정적 소통을 이루는 악장이다. 그래서 '노래하는 악장'이라고 부르기도 한다. 느린 악장에서 종종 나타나는 '안단테 칸타빌레(느리게, 노래하듯이)'는 그런 성격을 잘 말해 주는 표현이다. 느린 악장은 그 악곡의 주제를 '1악장과는 다르게 바라보기'를 시도한다. 베토벤이 〈영웅 교향곡〉의 1악장을 힘 있고 장쾌한 음악으로 만든 다음 2악장을 매우 느린 '장송 행진곡'으로 한 것이 좋은 예일 것이다. 그는 아마 영웅의 삶뿐만 아니라 죽음도 보여 주고 싶었던 것이리라.
　ⓑ 우리 전통 음악은 거의 예외 없이 느리게 시작해 차츰 빨라진다. 만(慢)-중(中)-삭(數)이라는 말이 이를 잘 말해 준다. 영산회상의 여러 음악과 산조 등에서 그렇다. 우리 음악에서 느린 부분은 처음에 올 뿐만 아니라 비중도 높다. 애끓는 듯한 표현, 대담한 길 바꿈, 감칠맛 나는 기교, 심지어 능청스러움과 웃음이 대부분 이 느린 악장에서 선보인다. 당연히 제일 어려운 부분이고 연주자의 솜씨가 잘 나타나는 부분이다. 청중들의 추임새가 가장 많이 필요하고 또 쏟아져 나오는 것도 이 부분이다. 그러다 보니 연주 시간도 가장 길다. 산조는 진양조-중모리-중중모리-자진모리를 기본으로 두세 장단을 더하는 구성인데 연주자에 따라 전체의 3분의 1 이상을 진양조에 할애하기도 한다. 그동안 서서히 흥을 돋우고 좌중의 호흡과 열기를 끌어들여 그 힘으로 다음 장단으로 옮겨 가는 것이다. 그래서 연주자들은 종종 "느린 장단을 충분히 연주하고 빠른 장단으로 넘어가면 하나도 힘들지 않다."라고 말한다.
　사람이 만들었으니 음악이 사람을 닮은 것은 당연하다. 느림-빠름의 변화도 그렇다. 사람이 느렸다 빨랐다 하니 음악도 그렇다. 아이들 배움의 성장 그래프도 일직선이 아니라 계단형으로, 빠른 시기와 정체❸하는 시기가 반복된다고 한다. 그런 사람들이 모여 사는 한 사회도 그렇지 않겠는가? 어떻게 빠르게만

어휘와 한자

❶ 投影
던질 투, 그림자 영

❷ 反芻
돌이킬 반, 꼴 추

❸ 停滯
머무를 정, 막힐 체

발전할 수 있겠는가?

　정체가 문제가 아니다. 이 시기에 할 수 있는 일을 하지 못하는 것이 문제다. 반성과 명상, 사태를 다르게 보기, 같이 소통하기, 소통해서 흥을 돋우기, 그 흥으로 다음 시대를 위한 힘을 얻기 등등……. 이것을 제대로 하지 않고 넘어가면 다음에 오는 빠름의 시기가 힘들어질 것이다.

01 이 글의 내용과 일치하면 O, 일치하지 않으면 ×에 표시하시오.

(1) 18세기 후반의 서양 음악에서 악장의 빠르기 배열 순서가 바뀌면서 첫 악장과 느린 악장의 기능에 모두 변화가 생겼다. ○ | ×

(2) 교향곡의 2악장을 '노래하는 악장'이라고 부르는 이유는 악곡의 주제를 제시하는 주된 장이기 때문이다. ○ | ×

(3) 우리 전통 음악의 연주자들은 느린 장단으로 서서히 흥을 돋우어 빠른 장단을 연주할 힘을 얻는다. ○ | ×

02 이 글에서 사용된 설명 방식이 아닌 것은?

① 예시　　② 대조　　③ 유추　　④ 정의

03 ⓐ와 ⓑ에 대한 반응으로 적절하지 않은 것은?

① ⓐ의 1악장과 2악장을 모두 들으면 악곡의 주제를 다르게 살펴볼 수 있겠군.
② ⓑ의 빠른 부분보다 느린 부분에서 연주자의 기교를 잘 느낄 수 있겠군.
③ ⓐ와 ⓑ는 모두 음악의 빠르기가 빨라졌다가 느려지는 구간이 있겠군.
④ ⓐ의 1악장은 ⓑ의 자진모리와, ⓐ의 2악장은 ⓑ의 진양조와 대응시킬 수 있겠군.

04 이 글을 읽고, 중심 내용을 요약하시오.

| 10주 차 | 2회 숙제용 | 진동선,《좋은 사진》 | ☐ |
| | 3회 숙제용 | 고현숙,〈병아리가 알을 깨고 나오려면〉 | ☐ |

숙제용 문제는 《독해야 산다 2 - 점수를 바꾸는 15분》 강의에서 다운로드 받으세요.

'소외'라는 사회적 문제를 화두로 하고 이를 해결하기 위한 방안으로 '사회 복지'를 제시하는 글입니다. 사회 복지에 대한 대비적 관점을 드러낸 뒤, 어느 한쪽의 관점을 강조하고 있는데요, 글을 읽으면서 글쓴이가 어떤 관점을 지지하고 있는지 확인해 볼까요?

11주 차

정답과 해설 94쪽

01~04 다음 글을 읽고 물음에 답하시오.

사회학에서 소외란 개인이 자신의 통제를 넘어서는 억압적 사회 구조나 제도와 상호 작용할 때 경험하게 되는 무의미감과 무력감을 말한다. 소외는 사회 구성원의 정상적인 사회생활과 인격적 존재로서의 건전한 성장을 가로막는데, 이는 개인의 불행일 뿐 아니라 사회의 유지와 발전을 위협하는 요인으로 작용할 수도 있다. 이런 점에서 소외는 사회적 실천 활동을 통해 반드시 극복해야 하는 과제임이 분명하다.

이러한 사회적 실천 활동을 구체화한 개념이 '사회 복지'이다. 사회 복지는 소외 문제를 해결하고 예방하기 위하여, 사회 구성원들이 각자의 사회적 기능을 원활하게 수행하게 하고, 삶의 질을 향상시키는 데 필요한 제반 서비스를 제공하는 행위와 그 과정을 의미한다. 현대 사회가 발전함에 따라 계층 간·세대 간의 갈등 심화, 노령화와 가족 해체, 정보 격차에 의한 불평등 등의 사회 문제가 다각적으로 생겨나고 있는데, 이들 문제는 때로 사회 해체를 우려할 정도로 심각한 양상을 띠기도 한다. 이러한 문제의 기저에는 경제 성장과 사회 분화 과정에서 나타나는 불평등과 불균형이 있으며, 이런 점에서 사회 문제는 대부분 소외 문제와 관련되어 있음을 알 수 있다.

사회 복지 찬성론자들은 이러한 문제들의 근원에 자유 시장 경제의 불완전성이 있으며, 이러한 사회적 병리 현상을 해결하기 위해서는 국가의 역할이 더 강화되어야 한다고 주장한다. 예컨대 구조 조정으로 인해 대량의 실업 사태가 생겨나는 경우를 생각해 볼 수 있다. 이 과정에서 생겨난 희생자들을 방치하게 되면 사회 통합은 물론 지속적 경제 성장에 막대한 지장을 초래할 것이다. (㉠) 사회가 공동의 노력으로 이들을 구제할 수 있는 안전망을 만들어야 하며, 여기서 국가의 주도적 역할은 필수적이라 할 것이다. 현대 사회에 들어와 소외 문제가 사회 전 영역으로 확대되고 있는 상황을 감안할 때, 국가와 사회가 주도하여 사회 복지 제도를 체계적으로 수립하고 그 범위를 확대해 나가야 한다는 이들의 주장은 충분한 설득력을 갖는다.

반면, 부정적 입장을 취하는 반대론자들은 사회 복지의 확대가 근로 의욕의 상실과 도덕적 해이라는 복지병을 유발하여 오히려 사회 발전에 장애가 될 것이라고 비판하면서, 극빈 계층을 대상으로 제한된 범위 내에서 최소한으로 사회 복지를 실시해야 한다고 주장한다. 물론 사회 복지가 근로 능력이 있는 사람의 자립과 자활 의지를 살려 내지 못하고 일방적 시혜[1]에 그친다면, 그 개인은 물론이고 사회 전체의 활력을 저해하는 결과를 초래할 수 있다. (㉡) 이들은 복지병이 사회 복지의 과잉 공급에 의한 것임을 간과하고 있다. 적어도 삶의 질 문제와 인격권의 차원에서 사회 복지가 이루어 낸 성과를 그 폐단[2]이 가릴 수는 없는 것이다. 사회 복지는 자유 시장 경제의 발전에 따라 끊임없이 생겨나는 각종 소외 ― 차별과 불평등 문제를 해결하는 데 있어 여전히 유효한 제도인 것이다.

우리가 추구하는 것은 소외 계층을 포함하는 모든 국민이 사회에 참여하고 공동체의 발전과 삶의 질 향상에 기여[3]하는 사회이다. 그런데 이러한 사회는 공정한 분배를 통해서 이루어질 수 있다. 분배 정의는 기본적인 생활 보장과 안정적인 경제 성장의 사회적 기초로 작동하게 되는데, 사회 복지는 이러한 분배 정의의 가장 기본적인 기능을 수행하게 되는 것이다. 결국 오늘날의 사회 복지는 국민 모두의 인간적

어휘와 한자

[1] 施惠
베풀 **시**, 은혜 **혜**

[2] 弊端
폐단 **폐**, 바를 **단**

[3] 寄與
부칠 **기**, 더불 **여**

삶을 보장하는 제도적 장치를 확립하고 참여와 책임의 공동체를 구현하는 데, 그 지향점을 두고 있다고 할 수 있다.

01 이 글의 내용과 일치하면 O, 일치하지 않으면 X에 표시하시오.
(1) 자유 시장 경제의 발전에 따라 생겨나는 각종 소외 문제는 개인은 물론 사회의 발전에 장애가 된다. O | X
(2) 사회 복지 제도는 국민 모두의 인간적 삶을 보장하는 분배 정의의 기능을 수행하여 자유 시장 경제의 불완전성을 보완해 줄 수 있다. O | X
(3) 글쓴이는 사회 복지 찬성론자들과 반대론자들의 주장을 절충하여 국가의 주도 아래 사회 복지를 선별적으로 실시해야 한다는 입장이다. O | X

02 문맥상 ㉠, ㉡에 들어갈 알맞은 말을 차례로 제시한 것은?
① 그리고, 따라서
② 다시 말해, 하지만
③ 따라서, 그러나
④ 그러므로, 그리고

03 이 글을 통해 해결할 수 있는 물음으로 적절하지 않은 것은?
① 사회 복지 제도를 어떻게 체계적으로 수립할 것인가?
② 현대 사회가 발전하면서 발생한 문제는 무엇인가?
③ 우리가 바라는 이상적인 사회는 어떤 모습인가?
④ 소외 문제를 어떻게 해결할 수 있을 것인가?

04 이 글을 읽고, 중심 내용을 요약하시오.

숙제용 문제는 《독해야 산다 2 – 점수를 바꾸는 15분》 강의에서 다운로드 받으세요.

| 11주 차 | 2회 숙제용 | 송복, 〈왜 노블레스 오블리주인가?〉 | ☐ |
| | 3회 숙제용 | 최진석, 〈이익[利]〉 | ☐ |

I'm 독해지기

이 글에서는 상자의 튼튼함, 무게, 크기 등의 비유적 표현을 사용하여 올바른 고용 정책을 제시하고 있어요. 비유적 표현들이 의미하는 바와 글쓴이가 제시하는 고용 정책에 집중해 읽어 봅시다.

12주 차

정답과 해설 95쪽

01~04 다음 글을 읽고 물음에 답하시오.

현대 사회에서 ㉠<u>노동</u>은 주로 고용이라고 하는 틀 속에서 이루어진다. 노동을 내용물로 본다면 고용은 그것을 담는 상자라고나 할까. 그렇다면 노동 시장이라고 하는 방에는 이러저러한 노동을 담고 있는 고용 상자들이 가득한 셈이다.

노동 시장은 여느 시장과 마찬가지로 일정한 규범[1]과 정책적 개입이 필요하다. 청년 고용 정책은 노동 시장의 방에 젊은이들이 새롭게 진입하도록 기업들이 최대한 튼튼한 고용 상자들을 많이 만들어 낼 여건을 잘 조성해 주는 것이 주요하다. 고령 고용 정책은 한 노동 시장의 방에서 퇴장하려는 고령자들에게 그들이 가급적 천천히 방을 나갈 수 있게 하면서도, 필요하다면 옆방에 적절한 크기의 새로운 상자에서 좀 더 노동을 이어 가게 하는 방안을 만드는 것이 주를 이룬다. 이렇게 본다면, 고용 정책이란 어떤 노동 시장의 방에 어떤 크기와 두께의 고용 상자들을 얼마나 많이 생기게 할 것인가가 ㉡<u>관건</u>이다. 유능한 정부일수록 양질의 노동이 들어갈 수 있는 튼튼한 고용 상자들을 많이 생기게 한다. 선진국에선 정부가 노동 시장의 관리에 정권의 명운을 건다. 문제는 상자가 튼튼할수록 무게가 많이 나간다는 거다. 즉, 고용 안정성을 높일수록 비용이 올라간다. 그렇게 되면 사용자는 상자를 만들 유인이 떨어진다. 따라서 기업이 비용을 감당 가능하도록 하면서도 적절한 안정성이 유지되는 고용 상자를 어떻게 만들어 낼 것인가가 핵심이다.

지금은 바야흐로 고용 대란 시대. 두꺼운 상자들이 들어 있는 큰 방 바깥에는 ㉢<u>취업</u> 준비생들이 줄을 선다. 급한 대로 작은 방도 택하고 가벼운 고용 상자를 취해 보기도 하지만 오래 버티지 못하고 튀쳐 나온다. 50대 중반이면 방 밖으로 밀려 나오는 고령자들. 이전만큼 튼실한 상자를 얻어 평생 쌓은 노하우와 경험을 재활용할 수 있는 상자를 얻고 싶지만, 그건 사치[2]다. 대신 아무 안내 없이 자영업의 위험한 모험 길을 가거나 낯선 작은 방들의 문을 두드리고 가벼운 상자 속으로나마 재진입을 시도해 본다. 뭐라도 얻으면 감지덕지다.

잘 알다시피 우리 사회는 이미 고도 성장기를 지났다. 저출산, 고령화가 급속히 진행되고 있다. 제조업의 새로운 붐을 쉽게 기대하기도 어렵다. 창조 경제를 통해 새로운 성장 동력을 모색하며 노동 시장 방들의 크기를 키워 보겠다던 정부의 시도는 결과가 별로 신통치 못하다. 오히려 인공 지능과 첨단의 디지털 기술이 고용 상자를 없앤다는 걱정스러운 이야기들만 귓가를 맴돈다. 대안은 없나.

고용이라는 상자의 크기를 좀 줄이면, 노동 시장의 방에 담을 수 있는 상자의 숫자를 늘릴 수 있다. 양질의 시간제 일자리 활성화, 노동 시간 단축 등 그간 귀에 못이 박이도록 들었던 주장들이다. 하지만 실상 정부 정책도 그렇고 노사 관계 주체들도 그렇고 별로 적극이지 않다. 정권 초 이야기했던 시간 선택제는 결국 크기만 작은 게 아니라 두께도 얇아진 상자들만 그것도 소수 만들어 내고 말았다는 비판을 면치 못한다. 노동 시간 단축 법안은 늘 물타기 되어 국회 주변을 배회할 뿐이다.

크기를 줄이지 않아도 전반적으로 얇게 만들되 혁신[3] 소재를 활용하여 강도를 잘 유지되게 하는 방법도 있다. 서유럽에서 말하는 소위 '유연 안정성'의 한국판을 모색하는 거다. 그러려면 우리의 맥락에서

어휘와 한자

[1] 規範
법 규, 법 범

[2] 奢侈
사치할 사, 사치할 치

[3] 革新
가죽 혁, 새로울 신

는 노동에 결부된 부대 비용에 국가의 책임이 높아져야 하고, 분배 정책상의 획기적인 변화도 뒤따라야 한다.

　지속 가능한 노동 시장을 위해서는 지금보다 작고 얇아도 튼튼한 새로운 모습의 고용 상자들이 노동 시장의 방을 채우도록 해야 한다. 지금의 정규직도 비정규직도, 양자의 이 통합되지 않은 공존 상황도 모두 대안이 아니다. 일자리 정책을 고민하는 사고방식과 담론의 혁신, 그리고 정책 실현에 결정적일 수 있는 사회적 이해 ㉣조정의 필요는 계속된다. 일하는 이들이 세대를 통틀어 다 함께 만족스러울 수 있는 길을 향한 소통을 활성화해야 한다. '노동 개혁'이라는 독백적 구호의 반복만으론 턱도 없다.

01 이 글에 나타난 글쓴이의 견해와 일치하지 않는 것은?
① 청년들과 고령자들에 대해서는 상이한 고용 정책이 필요하다.
② 고용 안정성을 높이는 데 드는 비용은 정부가 전담해야 한다.
③ 서유럽의 고용 모델을 본뜨려면 정책상의 큰 변화가 요구된다.
④ 새로운 고용 정책의 실현을 위해 사회적 이해 조정은 필수적이다.

02 ㉠~㉣의 한자 표기로 옳지 않은 것은?
① ㉠: 勞動　　② ㉡: 關鍵　　③ ㉢: 取業　　④ ㉣: 調停

03 이 글의 내용을 제대로 이해한 사람은?
① 영희: 노동 시장을 지속하려면 고용 상자의 크기만 고려해서는 안 되겠구나.
② 철수: 정부가 유능할수록 노동 시장이라는 방을 넓히기 위해 노력하겠구나.
③ 훈민: 고용 상자의 크기가 커지면 두께는 얇아지니까 이 둘은 반비례 관계야.
④ 정음: 노동 시장을 꽉 채우기 위해서는 지금보다 고용 상자의 개수를 줄여야 돼.

04 이 글을 읽고, 중심 내용을 요약하시오.

12주 차 숙제용 문제도 꼭 풀어 보세요.　숙제용 문제는 《독해야 산다 2 – 점수를 바꾸는 15분》 강의에서 다운로드 받으세요.

| 12주 차 | 2회 숙제용 | 홍성욱, 〈패놉티콘: 감시와 역감시의 역사〉 | ☐ |
| | 3회 숙제용 | 안병직, 《오늘의 역사학》 | ☐ |

생명체와 생태계에서의 미토콘드리아의 기능을 설명하는 글이에요. 내용 자체는 어렵지 않지만, 문제에 출제된 정보를 글에서 빠르게 찾는 것이 관건입니다. 이 글과 숙제를 통해 흩어져 있는 정보를 빠르고 정확하게 찾는 훈련을 해 보세요.

13주 차

01~04 다음 글을 읽고 물음에 답하시오.

　모든 동물은 숨을 쉰다. 호흡을 한다는 건 에너지를 만든다는 뜻이다. 산소는 세포 속에서 미토콘드리아와 반응을 한다. 그 호흡 과정에서 미토콘드리아는 열을 낸다. 미토콘드리아는 여러 단계의 통제된 과정을 거쳐 고열을 만들어 낸다. 그래서 미토콘드리아 조절에 문제가 생기면 아무리 먹어도 늘 마르게 된다. 어렸을 적 동네 친구 중에 한 명이 정말 대식가였다. 하지만 언제나 삐쩍 말라 있었는데 지금 생각해 보면 미토콘드리아 ㉠조절에 문제가 있었던 것 같다.
　미토콘드리아는 세포에 들어 있는 소기관으로, 에너지원인 ATP[아데노신 3인산]를 만드는 발전소다. ATP는 근육이나 효소, 몸 구조를 만드는 데 쓰이는 유기 화합물이다. ATP는 모든 생물체의 활동에 필요한 에너지 대사에 관여[1]한다. 미토콘드리아 발전소가 가동되기 위해서는 산소와 포도당이 필요하다. 산소가 있으면 미토콘드리아가 더욱 많은 ATP를 만들 수 있다. 하나의 세포에는 200~1,000개의 미토콘드리아가 있으며, 인간의 세포는 대략 60조 개다. 따라서 얼마나 많은 에너지가 몸 안의 미토콘드리아에서 만들어지는지 가늠해 볼 수 있다.
　미토콘드리아는 살아남기 위해 세포와 공생 관계를 맺었다. 에너지가 필요한 다른 원핵 세포와 영양분을 주고받는 관계를 형성한 것이다. 마치 내장에서 소화를 돕는 박테리아와 같다. 공생 관계로 미토콘드리아는 번식을 한다.
　특히 미토콘드리아는 유전자를 갖고 있다. 5~10개 정도 되는 미토콘드리아의 유전자들은 핵막으로 막혀 있지 않고 내부에서 자유롭게 떠다닌다. 미토콘드리아는 외막과 내막으로 둘러싸여 있다. 미토콘드리아 내막에는 수많은 주름이 있으며, 에너지 생산에 필요한 단백질이 가득하다. 내막 안에 있는 미토콘드리아 기질에서 산화가 일어나는데, 여기서 에너지가 방출될 때 ATP 합성뿐 아니라 열이 나온다.
　몸 안에서 열을 내는 온혈 동물은 냉혈 동물들에 비해 미토콘드리아가 더 많다. 냉혈 동물의 대표적인 예는 파충류고, 온혈 동물은 조류나 포유류다. 냉혈 동물은 주위 온도에 따라 체온이 달라지기에 변온 동물이라고도 불린다. 냉혈 동물에선 미토콘드리아가 아마도 훨씬 낮은 온도에서 작동할 것으로 추정된다. 하지만 이러한 냉혈 동물들 역시 몸을 데워야 적정 온도를 유지할 수 있다. 파충류는 몸이 식으면 햇볕을 쬐며 체온을 높이고 미토콘드리아가 활발히 활동하도록 한다. 포유류인 인간은 시도 때도 없이 미토콘드리아가 열을 만들어 내며 열량을 ㉡소모한다. 그러나 미토콘드리아가 활동하지 않으면 ㉢손상될 위험이 있고, 이 때문에 세포가 제 기능을 못 할 가능성이 있다.
　그러면 미토콘드리아가 발생시키는 열은 어디서 왔을까. 시작은 식물이다. 식물이 태양에서 받은 에너지가 동물에 전이[2]된 것이다. 식물이 태양에서 직접 받은 에너지를 동물이 간접적으로 쓴다. 화학 에너지와 열에너지, 운동 에너지는 생태계에서 돌고 돈다. 미토콘드리아가 만들어 낸 에너지는 생명체의 몸을 데우고 빠져나와 다시 생태계로 돌아간다. 공생과 순환을 눈여겨볼 일이다.
　큰 포식 동물은 다른 작은 동물들을 잡아먹는다. 이로써 화학 에너지 일부를 얻지만 많은 부분을 또한 열로 잃는다. 사체는 분해되고 열은 생태계로 돌아간다. 결국 식물과 동물은 에너지를 얻는 과정에서 공

어휘와 한자

[1] 關與
　빗장 관, 더불 여

[2] 轉移
　구를 전, 옮길 이

생하는 셈이다. 이 사이에 분해자인 박테리아가 끼어 있을 뿐이다. 에너지는 들어온 만큼 빠져나갈 줄도 알아야 한다. 몸에 고여 있기만 해서는 안 된다. 이 가운데 미토콘드리아는 생태계 에너지 흐름을 ㉣중개하며, 세포 뭉치인 동물들을 살아가게 한다. 미토콘드리아의 헌신[3]이다.

[3] 獻身
바칠 헌, 몸 신

01 이 글에서 설명한 내용이 아닌 것은?
① 미토콘드리아의 에너지 생산 방식과 요건
② 미토콘드리아의 생존 방식 및 유전자의 특질
③ 냉혈 동물과 온혈 동물의 체온 유지 방식의 장단점
④ 동식물이 공생하는 생태계에서 미토콘드리아의 역할

02 ㉠~㉣의 한자 표기로 옳지 않은 것은?
① ㉠: 操節   ② ㉡: 消耗   ③ ㉢: 損傷   ④ ㉣: 仲介

03 이 글을 바탕으로 할 때, 〈보기〉의 A~D에 들어갈 말을 바르게 짝 지은 것은?

─ 보기 ─
미토콘드리아의 (A)에서는 열에너지를 방출하고 ATP를 합성한다. 이러한 미토콘드리아가 기능하기 위해서는 (B)와/과 (C)이/가 필요하며, (C)이/가 있으면 ATP 생산량은 (D).

	A	B	C	D		A	B	C	D
①	내막	산소	포도당	줄어든다	②	내막	포도당	산소	많아진다
③	외막	포도당	산소	많아진다	④	핵막	산소	포도당	줄어든다

04 이 글을 읽고, 중심 내용을 요약하시오.

13주 차 숙제용 문제도 꼭 풀어 보세요.   숙제용 문제는 《독해야 산다 2 - 점수를 바꾸는 15분》강의에서 다운로드 받으세요.

13주 차   **2회 숙제용** 박형주, 〈개방성과 몰입〉   ☐
　　　　　 3회 숙제용 김태길 외, 《삶과 일》   ☐

이 글에서는 과시적 소비에 관한 두 학자의 연구를 설명하고 있어요. '베블런 효과', '밴드 왜건 효과', '스놉 효과'의 의미와 각각의 차이를 파악하는 데 집중해서 글을 읽어 봅시다.

14주 차

01~04 다음 글을 읽고 물음에 답하시오.

　18세기 산업 혁명[1]으로 시작된 생산 혁명은 19세기 백화점이 일으킨 유통 혁명을 통해 소비 혁명으로 이어졌다. 대량 소비 시대가 되자 사람들의 소비 형태도 바뀌었다. 무엇을 소유했는지 여부에 따라 사람을 판단하면서 사람들은 주위를 의식하며 자기를 나타내기 위한 상품을 고르게 되었다. 소비를 결정하는 요인이 '필요'가 아니라 '자기 과시[2]'로 옮겨 간 것이다.

　이와 같은 현상에 주목한 베블런은 자신의 책《유한계급 이론》을 통해 개별 소비자의 소비 형태는 독립적으로 이루어지지 않고 다른 소비자의 영향을 받는다고 주장했다. 그는 '나는 보통 사람들과 신분이 다르다.'라는 점을 과시하는 부유층이나 이를 모방하려는 계층이 과시적 소비를 한다고 말했다. 과시적 소비가 일어나면 저렴한 상품 대신 고가의 상품에 대한 수요가 증가해 가격이 오르는데도 수요가 줄어들지 않고 오히려 증가하는 현상이 일어난다. 이렇게 과시적 소비로 인해 가격이 올라도 수요가 늘어나는 현상을 '**베블런 효과**'라고 한다. 그리고 이러한 과시적 소비의 대상이 되는 상품을 '**베블런 재(財)**'라고 한다.

　라이벤스타인은 이와 같은 현상을 보다 깊이 있게 다루어 '밴드 왜건 효과'와 '스놉 효과'를 발표하였다. 과시적 소비는 일부 상류층과 신흥 부유층을 중심으로 일어나는 것이 보통이지만 주위 사람들이 이를 흉내 내면서 사회 전체로 퍼져 나가는 현상을 밴드 왜건 효과라고 이름 붙인 것이다. 밴드 왜건은 행진할 때 대열의 선두에서 행렬을 이끄는 악대 차를 의미하는데 악단이 지나가면 사람들이 영문도 모르고 무작정 뒤따르면서 군중들이 더욱더 불어나는 것에 비유한 것으로 밴드 왜건 효과는 '**모방 효과**'라고도 부른다.

　(㉠) 모방 효과가 널리 퍼져 더 이상 과시적 소비가 차별 효용[3]을 상실하게 될 때 일부 사람들은 평범한 사람들이 접근할 수 있는 상품 대신 더욱 진귀한 물건을 찾는다. 이로 인해 기존 상품의 수요가 줄어들게 되는데 이를 '**스놉 효과**'라고 한다. (㉡) 모방 효과와는 반대로 특정 제품에 대한 소비가 증가하게 되면 그 제품의 수요가 줄어들고 새로운 상품의 수요로 옮겨 가는 현상이다. 보통 가격이 비싸서 쉽게 구매하기 어려운 고가의 명품 등이 이에 해당되는데, 명품이라 알려진 제품이 대대적인 판촉 행사를 한 후 단골 고객이 줄어드는 현상으로 설명할 수 있다. 이는 '남보다 돋보여야 한다'는 속물근성에 기반을 두고 있어 '**속물 효과**'라고도 부른다.

　이와 같이 베블런은 재화의 가격이 하락하면 소비량이 증가한다는 기존의 경제 이론과는 다른 관점에서 현실의 소비 형태를 설명했고, 라이벤스타인은 현대인들이 주위 사람들의 소비 형태에 따라 자신의 소비 형태를 결정하는 두 가지 모습을 이론으로 나타내었다. 그들의 연구는 소비 형태로 계층을 판단하는 현대 자본주의 사회의 모습을 설명할 수 있다는 점에서 의의가 있다.

어휘와 한자

[1] 革命
　가죽 **혁**, 목숨 **명**

[2] 誇示
　자랑할 **과**, 보일 **시**

[3] 效用
　본받을 **효**, 쓸 **용**

01 이 글의 내용과 일치하지 않은 것은?

① '베블런 효과'는 기존의 경제 이론으로는 설명할 수 없는 경제 현상이다.
② 과시적 소비로 인해 가격이 올라도 수요가 늘어나는 상품을 '베블런 재(財)'라고 한다.
③ '모방 효과'로 인해 기존의 과시적 소비 상품의 수요가 늘어나는 현상을 '속물 효과'라고 한다.
④ 대량 소비 시대에 나타난 과시적 소비 형태는 소비를 통해 계층을 판단하는 자본주의 사회의 면모를 보여 준다.

02 ㉠, ㉡에 들어갈 알맞은 말을 차례로 제시한 것은?

① 그러나, 예컨대
② 다시 말해, 곧
③ 그런데, 즉
④ 따라서, 요컨대

03 '모방 효과'를 유도하는 광고 문구로 가장 적절한 것은?

① 매진 임박! 당신만 놓치시겠습니까?
② 기술은 뛰어나게, 가격은 실속 있게!
③ 본 제품은 관절염에 탁월한 효과가 있습니다.
④ 누구나 가질 수 있다는 것은 특별하지 않다는 것입니다.

04 이 글을 읽고, 중심 내용을 요약하시오.

14주 차 숙제용 문제도 꼭 풀어 보세요. 숙제용 문제는 《독해야 산다 2 - 점수를 바꾸는 15분》 강의에서 다운로드 받으세요.

| 14주 차 | 2회 숙제용 | 일본음향학회, 《톡톡 튀는 소리의 세계》 | ☐ |
| | 3회 숙제용 | 이장직, 〈대중 매체의 시대의 음악〉 | ☐ |

벌써 절반가량의 진도가 나갔네요. 그만큼 독해 실력이 상승되었겠죠? 이 글을 읽을 때에는 포틀라치 축제의 특이성과 사회적, 정치적 의미로서의 선물을 설명한 모스의 견해에 집중해 보세요.

15주 차

01~04 다음 글을 읽고 물음에 답하시오.

북아메리카 태평양 연안 지역 원주민 부족들에게는 특이한 축제가 있었다. 축제 기간 중 부족들 간에 일종의 스포츠처럼 대결과 경쟁이 벌어지는데, 누가 상대방에게 얼마나 더 많은 선물을 주느냐에 따라 승패가 결정됐다. 우리 편에서 귀중한 물건을 상대방에게 주면 상대방은 더 값진 것으로 답례한다. 그러면 우리 쪽은 또 그보다 더 값진 것을 상대방에게 선물한다. 상대를 압도[1]하기 위해 선물의 규모는 점점 커지면서 결국 양쪽이 자신들의 부(富)를 완전히 소진[2]한 다음에야 축제가 끝난다. 포틀라치(potlatch)라는 이름의 축제다.

여기서 부의 낭비는 위세(威勢)와 연관이 있다. 미친 듯한 증여에 의해 추장과 가신 사이, 또는 부족과 부족 사이에 위계질서가 형성되기 때문이다. 아낌없이 남에게 자기 물건을 주는 사람이 재산의 손해만큼 명성이란 추상적인 부를 획득한다. 그에 반해, 받기만 하고 답례하지 않는 사람은 상대방에게 종속되고, 더 낮은 지위로 떨어져 그의 하인이 된다. 자원의 소모가 오히려 그것을 소모한 사람에게 특권을 안겨 준다는 사실이 흥미롭다.

프랑스의 인류학자 마르셀 모스는 한없이 무질서하고 자유로운 이 축제 속에 실은 매우 엄격한 규칙이 숨겨져 있음을 발견했다(《증여론》, 1925년). 그것은 '주기', '받기', '답례'라는 3각형 구조이다. 이 세 단계는 그냥 자유롭게 주고받는 행위가 아니라 엄격한 의무 조항이라는 것이다. 즉 선물은 반드시 주어야 하고, 주어진 선물은 반드시 받아야 하며, 받았으면 반드시 답례를 해야 한다. 이때 선물은 물건만 뜻하는 것이 아니다. 환대, 서비스, 배려 같은 추상적인 개념도 포함된다.

여하튼 (A) 선물의 급부(給付)와 반대급부는 겉보기에 자발적인 형식인 듯 보이지만 실은 엄격하게 의무적이어서, 이를 소홀히 하면 불행한 결과가 생긴다. 어느 추장이 손자의 돌잔치에 이웃 사람 누군가를 깜박 잊고 초대하지 않았는데, 그 사람이 앙심을 품고 추장의 손자를 죽였다는 전설이 한 원시 부족 사이에 전해 내려온다. 주는 것을 거부[3]하는 것, 초대하는 것을 거부하는 것은 전쟁을 선언하는 것과 같고, 받는 것을 거부하거나 답례하지 않는 것 역시 비슷하게 위험한 일이 된다.

모스는 결국 선물이 원시 부족만이 아니라 문명화한 현대 사회에 이르기까지 지구상에 존재하는 모든 사회의 공통적 현상이며, 사회가 작동하는 원리라는 것을 깨달았다. 그것은 사회적 인간이 사회 안에서 상호 관계를 맺기 시작할 때 행하는 제일 첫 번째 행위이다. 모든 사회 고유의 예의범절의 시작이기도 하고, 경제적 행위로서의 신용의 기원이기도 하다.

선물의 답례에는 원래 시간이 필요했다. 선물을 받았는데 그 자리에서 답례하는 것은 물물 교환이지 선물이 아닐뿐더러, '받기'를 거부하는 것처럼 보일 수도 있기 때문이다. (㉠) 식사 접대나 장례식 조문 같은 서비스는 즉각 답례할 수 있는 성질의 급부가 아니다. (㉡) 답례는 필연적으로 지연된 시간을 요구한다. 답례의 지연된 시간이 바로 신용의 기초이다. 현대 사회의 사회 보장 제도도 여기서 유래했다. 즉 평생의 성실한 노동에 대한 답례로 기업 혹은 국가가 노동자에게 연금 혹은 의료 서비스를 제공한다는 것이다.

어휘와 한자

[1] 壓倒
누를 **압**, 넘어질 **도**

[2] 消盡
꺼질 **소**, 다할 **진**

[3] 拒否
막을 **거**, 아닐 **부**

물건을 주고받는 행위여서 선물은 얼핏 물자의 순환이나 교역 같은 경제적 현상으로 보이지만, 모스는 정치적 의미를 찾는다. 물건을 주고받으려면 우리는 우선 창(槍)을 내려놓지 않으면 안 된다. 그렇게 개인 간 혹은 집단 간에 물건을 주고받다 보면 비록 적대적 사이라 하더라도 거기엔 무력에 의존할 필요가 없는 평화의 관계가 형성된다. 하기는 무역을 하는 두 국가 간에는 전쟁이 없다.

01 이 글에서 설명하고 있는 내용이 아닌 것은?
① 포틀라치 축제의 선물 주고받기 행위에 담긴 역설적 의미
② 선물의 답례 행위에서 유래한 현대의 사회 보장 제도
③ 시대를 불문하고 사회에 적용되는 선물의 의미
④ 국가 간 선물 주고받기 행위의 경쟁적 성격

02 문맥상 ㉠과 ㉡에 들어갈 말로 가장 적합한 것은?

	㉠	㉡		㉠	㉡
①	따라서	그러나	②	어차피	더욱이
③	오히려	그럴수록	④	더군다나	그러므로

03 이 글을 바탕으로 할 때, (A)에 대해 보인 반응으로 적절하지 않은 것은?
① 원시 부족에서 선물 주고받기 행위는 엄격한 의무 조항이었겠군.
② 불행한 결과를 예방하기 위해서는 돌잔치 초대장을 받자마자 답례를 해야겠군.
③ 이웃 사람은 돌잔치에 초대받지 못한 것을 추장의 전쟁 선포로 받아들였겠군.
④ 돌잔치에 초대받은 사람이 답례하지 않으면 3각형 구조를 위반한 셈이겠군.

04 이 글을 읽고, 중심 내용을 요약하시오.

15주 차 숙제용 문제도 꼭 풀어 보세요.   숙제용 문제는 《독해야 산다 2 - 점수를 바꾸는 15분》 강의에서 다운로드 받으세요.

15주 차	2회 숙제용	서은국, 〈마음의 벽, 조금만 낮춘다면〉	☐
	3회 숙제용	성대중, 〈태호집서(太湖集序)〉	☐

이 글에는 몽타주에 관한 다양한 주장이 제시되어 있어요. 다양한 주장 사이의 공통점과 차이점을 도식화하면서 읽으면 좀 더 쉽게 글을 이해할 수 있으니 도식화를 꼭 해 보세요!

16주 차

01~04 다음 글을 읽고 물음에 답하시오.

가 몽타주는 원래 불어의 'monter', 즉 '조립하다'의 뜻으로 사용되어 온 건축 용어인데, 영화에서는 숏과 숏을 결합시켜 의미를 전달하는 것을 말한다. 숏이란 연속되어 있는 하나의 필름 다발을 가리키는 용어로서 필름의 세포에 해당된다. 마치 세포가 결합하여 물체를 형성하듯이 숏이라고 불리는 무수한 필름 조각들이 조립되어 한 편의 영화를 만드는 것이고, 편집[1]된 숏들이 한데 모여서 무엇인가를 의미하게 된다.

나 영화에서의 몽타주는 소련의 영화 이론가이자 감독인 쿨레쇼프에 의해 본격적으로 이론화되었다. 쿨레쇼프가 발견한 것은 숏은 다른 숏과의 관계 속에서 의미를 발생한다는 것으로, 그는 재료의 조직으로 새로운 이미지를 창조할 수 있는 몽타주 기법에 몰두했다. 이와 같은 몽타주의 창조력은 본질적으로 주어진 재료의 속성을 변모시키는 것이었다. (㉠) 쿨레쇼프는 몽타주가 새로운 이미지를 창조하되 일반 관객이 이해하지 못할 정도로 난해하면 안 된다고 보았다. (㉡) 관객이 이야기를 잘 따라갈 수 있도록 숏과 숏이 부드럽게 연결되어야 한다고 생각한 것이다. 이음매가 없이 눈에 띄지 않는 편집을 지향하는 쿨레쇼프의 몽타주는 수동적이며 상상력이 높지 않은 관객을 전제로 한 것이다.

다 쿨레쇼프의 이론은 푸도프킨에 의해 더욱 체계적으로 발전하게 된다. 그는 쿨레쇼프처럼 관객의 이해를 도모하기 위해 이야기를 누진적으로 그리고 점진적으로 쌓는 '벽돌 쌓기' 이론을 옹호[2]하였다. 몽타주 조각은 잡다한 사건 중에서 필수적이고 중요한 것만으로 선택되며, 이렇게 선택된 숏들은 잘 연결되어 인상적인 이미지를 만들어 내게 된다. 여기서 몽타주 조각은 단순한 묘사에 그쳐서는 안 되고 주제를 선명히 부각시킬 수 있는 조형적인 이미지가 되어야 한다. 그는 영화 제작자를, 숏을 취사선택하는 정도의 인물로 생각했는데, 창조적인 영화 제작이란 이미 명확한 힘을 가진 그 같은 숏의 적당한 선택과 구성을 통해 이루어지는 것이라고 믿었다.

라 푸도프킨의 뒤를 이어 에이젠슈테인은 좀 더 철학적이며 발전적인 견해를 내놓았는데, 무엇보다도 관객의 상상력을 자극하기 위해 급작스러운 전환 혹은 비약에 기초한 몽타주를 주장했다. 그는 관객을 창조적인 존재로 생각하여 영화의 공동 창조자가 되어야 한다고 보았다. 또 동서고금의 문화를 널리 섭렵[3]한 에이젠슈테인은 특히 고대 일본 문화에 관심과 조예가 깊어 자신이 생각하는 충돌 몽타주 개념을 한자의 원리를 예로 들어 설명했다. 한자에서는 하나의 개념을 이루기 위해 두 개의 단순한 문자를 서로 결합하는데, 예를 들면 입을 나타내는 구(口)와 새라는 조(鳥)가 결합하여 울릴 명(鳴)이라는 새로운 뜻을 창조하는 것이다. 이처럼 한자에서 발견한 충돌 몽타주의 원리를 에이젠슈테인은 '가장 단순하게 배열한 두 개의 상형 문자의 결합은 그들의 합이 아니라 곱으로 생각해야 한다.'라고 말하기도 했다.

어휘와 한자

[1] 編輯 엮을 편, 모을 집

[2] 擁護 안을 옹, 보호할 호

[3] 涉獵 건널 섭, 사냥할 렵(엽)

01 이 글의 내용과 일치하는 것은?
① 쿨레쇼프는 관객의 상상력을 자극하기 위해 몽타주가 새로운 이미지를 창조할 수 있어야 한다고 주장하였다.
② 푸도프킨은 관객의 이해를 도모하기 위해 몽타주를 이음매가 없이 눈에 띄지 않게 편집하였다.
③ 에이젠슈테인은 영화 제작에서 숏의 선택과 구성을 강조하였다.
④ 에이젠슈타인은 숏이 결합되면 숏끼리 더한 것보다 더 큰 의미가 발생한다고 보았다.

02 ㉠, ㉡에 들어갈 알맞은 말을 차례로 제시한 것은?
① 그러나, 즉
② 그래서, 다시 말해
③ 하지만, 또한
④ 가령, 그러나

03 이 글에 대한 설명으로 적절하지 않은 것은?
① 가 : 몽타주의 어원을 밝히고, 영화에서 의미가 전달되는 방법을 서술하고 있다.
② 나 : 몽타주 활용과 관련한 쿨레쇼프의 이론을 살펴보고, 몽타주의 한계를 제시하고 있다.
③ 다 : 창조적 영화를 위한 몽타주의 필요성을 강조하고, 영화 제작자의 역할을 규정하고 있다.
④ 라 : 쿨레쇼프와 대비적인 견해를 소개하고, 예시를 통해 새로운 몽타주 기법을 설명하고 있다.

04 이 글을 읽고, 중심 내용을 요약하시오.

숙제용 문제는 《독해야 산다 2 - 점수를 바꾸는 15분》 강의에서 다운로드 받으세요.

| 16주 차 | 2회 숙제용 | 김호기, 〈기본 소득, 미래의 역사〉 | ☐ |
| | 3회 숙제용 | 손영화, 《생활과 심리학》 | ☐ |

금성의 특징을 설명하고, 금성의 환경이 변화된 원인을 분석한 글이에요. 내용이 어렵지는 않지만, 과학 관련 글의 특성상 정보가 조밀하게 모여 있네요. 이런 글은 펜을 들고 체크를 하면서 읽어야 합니다. 힘내세요!

17주 차

정답과 해설 100쪽

01~04 다음 글을 읽고 물음에 답하시오.

요즘도 저녁 하늘에서 가장 밝고 아름답게 빛나는 행성이 금성이다. 하지만 겉보기와는 다르게 태양계의 행성 중 가장 생명체가 살기 힘든 곳이 금성이다. 섭씨 500도에 가까운 온도, 90기압이 넘는 압력으로 금성 표면은 마치 지옥과도 같은 곳이다. 그런데 그런 금성에서 생명체 탐사가 준비[1]되고 있다. 미국과 러시아가 공동으로 추진하는 베네라-D 프로젝트. 생명체가 존재하기 위해서는 적당한 온도와 기압이 필요하다. 이런 환경을 갖춘 곳을 '골디락스 존'이라고 부른다. 금성에 존재하는 골디락스 존은 바로 금성의 대기 속이다.

금성의 대류권은 표면으로부터 약 100km 상공까지 이어진다. 그중 50~60km의 높이가 골디락스 존이다. 이곳의 온도는 30~60도, 기압은 약 1기압으로 지구의 환경과 매우 비슷하다. 자외선으로 촬영한 금성 사진 속에서 검은 줄무늬로 보이는 곳이 바로 50km 상공의 구름층이다. 그곳에 존재하는 어떤 물질이 태양으로부터 오는 ⓐ <u>자외선을 흡수[2]</u>해 검은 줄무늬를 만들고 있는 것이다. 과연 그 물질들이 무엇일까. 러시아는 1960년대 금성 탐사에서 박테리아 크기의 길고 작은 물질을 발견한 적이 있다. 당시에는 그 물질의 정체를 확인할 수 없었다.

문제는 금성 구름층에 상당량의 ⓑ <u>황산</u>이 존재한다는 것이다. 생명체가 존재한다면 황산으로부터 보호될 수 있는 방법이 있어야 한다. 과학자들은 금성 구름 속에서 발견된 8개의 황으로 이루어진 ⓒ <u>S8</u>이라는 물질에 주목하고 있다. 이 물질은 자외선을 흡수하는 성질도 있다. 만약 이 물질이 금성 구름 속에 충분히 존재한다면 미생물이 존재할 수 있는 가능성도 그만큼 커진다. 미국과 러시아는 올해 중으로 금성 탐사에 대한 협의[3]를 마칠 예정이다. 발사 예정 시점은 2025년. 금성에 생명체가 존재한다면 인류 역사상 최초의 지구 밖 생명체 발견이 될 것이다.

사실 금성이 처음부터 생명체가 살 수 없었던 곳은 아니었다. 지금으로부터 약 30억 년 전, 지구에 원시 생명체가 생겨날 무렵 금성도 지구와 비슷한 환경이었다. 깊이 2,000m에 이르는 거대한 바다도 있었고, 표면의 온도는 평균 15도 정도로 온화했다.

(㉠) 수십억 년의 세월이 흐르면서 금성의 환경은 변했다. 원인은 금성의 느린 자전과 대기 속의 이산화 탄소 농도였다. 금성의 ⓓ <u>자전</u> 주기는 243일로 태양계에서 가장 느리다. 그만큼 햇빛에 노출되는 시간이 길다는 뜻이다. 태양 활동이 활발해지면서 오랜 시간 햇빛에 노출된 바다는 증발하게 됐고, 금성은 점점 더 온실처럼 뜨거워졌다. 지금으로부터 10억 년쯤 전 금성은 더 이상 생명체가 살 수 없는 지옥 같은 환경이 됐다. 물론 그 이전에 생명체가 존재했는지는 알 수 없다.

행성들의 환경은 오랜 세월에 걸쳐 계속 변한다. 지금은 지구가 가장 좋은 환경이지만 그것이 영원하리라는 보장은 없다. 물론 변화의 속도가 느리기 때문에 충분히 준비할 수 있는 시간이 주어진다. 하지만 변화의 속도를 늦출 수는 있어도 변화를 막을 수는 없다. 지구에 오래 살기 위해서는 변화하는 환경에 적응하거나 변화를 늦추는 방법을 찾아야 한다.

어휘와 한자

[1] 準備
법도 준, 갖출 비

[2] 吸收
숨 들이쉴 흡, 거둘 수

[3] 協議
도울 협, 의논할 의

01 이 글의 내용과 일치하면 O, 일치하지 않으면 ×에 표시하시오.

(1) 러시아와 미국은 1960년대부터 금성 탐사를 공동으로 시작하여 금성 구름층에서 S8이라는 물질의 존재를 일찍이 확인하였다. ◯ | ×

(2) 금성의 온도는 시간의 흐름에 따라 '30억 년 전 금성 표면 > 10억 년 전 금성 표면 > 현재 골디락스 존'의 순으로 낮아진다. ◯ | ×

(3) 글쓴이는 지구 환경의 변화 속도를 인간의 힘으로 늦출 수는 없지만 변화 자체를 막을 시간은 충분히 주어진다고 본다. ◯ | ×

02 문맥상 ㉠에 들어갈 말로 가장 적합한 것은?

① 하물며
② 이에 따라
③ 하지만
④ 더욱이

03 ⓐ~ⓓ 중 나머지 세 개와 거리가 먼 것은?

① ⓐ: 자외선
② ⓑ: 황산
③ ⓒ: S8
④ ⓓ: 자전

04 이 글을 읽고, 중심 내용을 요약하시오.

17주 차 숙제용 문제도 꼭 풀어 보세요. 숙제용 문제는 《독해야 산다 2 – 점수를 바꾸는 15분》 강의에서 다운로드 받으세요.

17주 차 **2회 숙제용** 정출헌, 〈향가, 민족 문학적 성취의 경로〉 ☐
　　　　　3회 숙제용 조현설, 〈가문 소설의 시대를 연 선의의 경쟁자, 김만중 vs 조성기〉 ☐

이 글에서는 '꿈'을 꾸는 생리학적 원인과 '꿈'을 바라보는 새로운 의견을 소개하고 있어요. 특히 '자각몽'에 관한 내용은 유명한 영화인 〈인셉션〉을 떠올리게 하는데요, 흥미를 가지고 글을 읽어 봅시다.

18주 차

정답과 해설 101쪽

01~04 다음 글을 읽고 물음에 답하시오.

우리는 매일 잠을 자고 '꿈'을 꾼다. 우리가 사는 24시간 중 꿈만큼 이해할 수 없는 현상도 드문 것 같다. 만약 우리가 꿈에 대해 더 알게 되면 뇌 ⊙기능을 이해하는 데 한 발짝 다가설 수 있지 않을까.

야간 수면에서는 한 시간 반에 한 번쯤 안구를 빠르게 움직이는 현상이 발생하는데, 이런 수면 상태를 '렘수면'이라고 한다. 대부분의 꿈이 이 기간 동안 나타난다. 분명 잠을 자고 있는데 뇌파는 마치 깨어 있는 상태와 비슷하다고 해서 '역설적 수면'이라고도 부른다. 렘수면은 전체 수면의 20~25%를 차지한다. 수면 전반부에는 렘수면이 짧게 나타나고 후반부에는 길게 나타난다. 그래서 아침에 잠에서 깰 때는 렘수면 뒤 잠에서 깨어나는 경우가 많고, 깨고 나면 마지막 꿈의 내용을 기억한다.

앨런 홉슨 하버드대 의대 교수는 꿈 내용을 분석하던 기존의 정신 의학 관점에서 벗어나 꿈도 뇌에서 일어나는 정신 현상이라는 관점으로 접근해야 한다고 주장한다. 꿈속의 우리는 실제 감각 ⓒ기관으로 들어오는 자극 없이 시각, 청각, 촉각을 느낀다. 이는 환시, 환청, 환촉이라는 '증상'으로 봐도 무방하다. 사고 과정의 와해¹, 비논리성 등 상식을 넘어서는 일들이 꿈속에서는 자연스럽게 받아들여진다. 꿈꾸는 상태라는 것만 제외하면 이는 확실히 '정신증' 또는 '섬망'이라 진단할 만한 것이다. 누구나 매일 밤 매우 심각한 정신 의학적 상태에 빠졌다가 아침에는 아무 일 없다는 듯이 생활한다는 것은 참으로 놀라운 일이 아닐 수 없다.

(A)【가끔은 꿈꾸고 있다는 사실을 알아차릴 때가 있다. 이를 '자각몽'이라고 한다. 이런 현상을 자주 겪는 사람은 전두엽, 측두엽의 일부 뇌 구조가 발달²해 있는 것으로 알려져 있다. 우슬라 보스 독일 괴테대 교수는 자각몽 경험이 없는 피험자를 모집해 실험했다. 렘수면이 2분 지속된 시점에 미세한 교류 전류 자극으로 30초간 전두엽과 측두엽을 자극한 뒤 잠에서 깨워 꿈에 대한 자각 정도를 평가했다. 놀랍게도 피험자들은 40Hz의 교류 전류 ⓒ자극을 받은 뒤 깨어나서는 어느 순간 꿈을 자각한 경험을 보고했다.

이런 연구 결과의 의미는 무엇일까. 먼저 정신 질환 적용을 생각해 볼 수 있다. 꿈꾸는 동안 자신이 처한 현실이 꿈이라는 것을 깨닫지 못하는 것은 '조현병' 증상과 유사하다. 보이는 현실과 맞지 않는 환청, 망상 등을 경험하면서도 자신의 정신 상태를 스스로 평가하지 못하는 것이다. 보스 교수의 연구 결과를 토대로 생각해 본다면 조현병 환자에게 전두엽이나 측두엽을 자극함으로써 자각을 도울 수 있는 방법이 개발될 가능성도 점쳐 볼 수 있다. 두 번째로 자각몽을 증가시킬 수 있는 방법이 존재한다면 이를 이용해 '외상 후 스트레스 장애'나 '불안 장애'와 같은 정신 질환 치료에 적용할 가능성이 존재한다.】

우리는 매일 밤 꿈을 꾸고 회복 가능한 '정신 이상'을 겪는다. 잠을 자면서 꾸는 꿈과 미래의 ⓔ포부를 가리키는 꿈이 같은 단어로 쓰인다는 점이 우연이 아닐지도 모르겠다. 꿈속에서 겪는 말도 안 되고 허무맹랑한 생각들이 어쩌면 암울한 현실을 딛고 일어서서 더 나은 미래를 그려 볼 수 있는 단초³를 제공해 왔기 때문은 아닐까. 꿈을 꾸면서 '지금 나는 꿈을 꾸고 있는가'라는 질문과 함께 꿈꾸고 있는 자신을 알게 되면 꿈은 현실적으로 바뀌어 버릴지 모르겠다. 원래 나는 꿈을 잘 기억하지 못하는 편이지만, 꿈속에 들어가서 꿈을 내 마음대로 조절하기보다는 왠지 아주 비논리적이고 의외성으로 가득 찬 꿈을 꾸고 어느 날 그것을 단초로 마음속에 멋진 꿈을 품을 수 있기를 기대한다.

어휘와 한자

1 瓦解
기와 와, 풀 해

2 發達
필 발, 통할 달

3 端初
바를 단, 처음 초

01 이 글의 필자가 말한 내용이 아닌 것은?
① 인간의 '렘수면' 상태와 꿈의 상관관계
② 전체 수면 중 나타나는 렘수면의 양상과 비중
③ 꿈을 정신 질환 증상으로 바라보는 의학적 견해
④ '정신 이상' 환자에 대한 사회적 인식 전환의 필요성

02 ㉠~㉣의 한자 표기로 옳지 않은 것은?
① ㉠: 技能
② ㉡: 器官
③ ㉢: 刺戟
④ ㉣: 抱負

03 (A)에 대한 이해로 가장 적절한 것은?
① 피험자의 렘수면 진입 여부와 상관없이 자각몽 유도 실험을 진행할 수 있다.
② 자각몽을 증가시킬 수 있는 방법이 있더라도 불안 장애를 치료할 수는 없다.
③ 조현병 환자에게 자각몽 유도 실험을 반복하면 조현병 증상은 완화될 가능성이 있다.
④ 자각몽 경험이 없는 피험자는 자각몽을 자주 겪는 사람보다 전두엽과 측두엽이 발달했을 가능성이 높다.

04 이 글을 읽고, 중심 내용을 요약하시오.

숙제용 문제는 《독해야 산다 2 – 점수를 바꾸는 15분》 강의에서 다운로드 받으세요.

18주 차	**2회 숙제용** 신동기, 〈술이부작(述而不作) — 전술할 뿐 새로 만들지 않는다〉	☐
	3회 숙제용 이영완, 〈왜 혹등고래는 바다표범 새끼를 구했을까〉	☐

이 글에는 18세기의 근대적 자연관과 20세기의 현대 물리학이 등장합니다. 시간의 흐름에 따른 과학적 가치관의 변화와 특징을 인과, 과정 등의 전개 방식을 사용해 설명하고 있어요.

19주 차

01~04 다음 글을 읽고 물음에 답하시오.

　근대적 자연관에 바탕한 과학 분야들의 성공, 그중에서도 특히 뉴턴의 역학의 성공은 18세기의 사람들에게 인간의 이성[1]과 나아가서 인간의 능력 전반에 관한 굉장한 자신감을 불러일으켜 주었다. 과거의 미신, 아집, 인간 중심의 편견 같은 것으로부터 벗어나서 이성을 그대로 좇으면 어떠한 어려운 문제도 인간이 모두 해결할 수 있으리라는 낙관적 믿음이 널리 퍼졌으며, 인간의 이성과 능력에 관한 이 같은 자신과 낙관적 경향은 18세기 계몽 사조의 가장 중요한 요소를 이루었던 것이다.

　이러한 경향은 ⓐ 결정론적인 자연관의 발전에 크게 기여했다. 우선 기계적 철학이나 뉴턴 역학의 내용과 방법 자체의 결정론적인 성격 — 자연 세계에 있어서 어느 시점에서의 조건은 그 이후의 모든 시점에서의 조건을 결정해 준다는 점 — 때문에 과학 혁명을 거쳐 형성된 근대적 자연관은 결정론적인 성격을 띠었다. 인간의 능력에 대한 자신감은 이에서 더 나아가서 인간이 자연 세계의 어느 시점의 조건을 알면 그 이후의 모든 시점의 조건을 알아낼 수 있는 능력이 있다는 확신을 가지게 하였다. (㉠) 이러한 확신은 18~19세기를 통해서 물리 과학을 주로 한 과학의 여러 분야에서, 결정론적인 성격을 지닌 체계의 완성을 위한 끊임없는 시도를 가져왔다.

　이와 같은 결정론적인 과학이 한계를 지니고 있음을 보여 주고, 결과적으로는 인간의 능력에 한계가 있음을 보여 준 것이, 20세기 초에 있었던 물리학의 일대 변혁과 그에 따른 ⓑ 현대 물리학의 성립이었다. 우선 세기 초 상대성 이론의 성공은 절대 공간, 절대 시간 등의 개념이 존재할 수 없음을 지적해 주었고, 주로 그런 개념에 바탕한 극단의 결정론적 자연관에 제동[2]을 걸었다. (㉡) 이보다 조금 후에 나타난 양자 역학이 결정론적인 자연관에 훨씬 크고 심오한 타격[3]을 입혔다. 이 양자 역학의 가장 핵심이 되는 원리는 불확정성의 원리라고 부르는 것으로서, 자연 세계의 여러 양의 측정에 있어서 그 측정치가 가질 정확도의 한계, 즉 불확정성이 자연 세계 안에 내재해 있으며, 이 불확정성은 인간이 아무리 능력을 발전시킨다고 해도 벗어날 수 없는 자연 세계의 한계라는 것이다. 이에 바탕한 양자 역학은 인간이 자연 세계의 여러 양들을 완전히 정확하게 측정할 수 없고, 기껏해야 그것들이 어떤 값을 가질 확률에 대해서밖에 알 수 없음을 이야기한다.

　결국 상대성 이론과 양자 역학의 출현은 결정론적인 자연관만이 아니라, 인간의 능력에 대한 자신감에도 큰 타격을 준 것이다. 실제로 현대 물리학은 인간의 지식과 가치관 등에 관한 철학적 문제들에 깊은 영향을 미쳤다. 예를 들어 현대 물리학은 인간의 능력의 한계, 절대적인 것에 대한 믿음의 타파, 비결정론적 경향 같은 것들 — 우리가 현대인, 현대 사조들의 특성으로 흔히 드는 요소들 — 의 수용을 쉽게 한 것이다. 그리고 이런 점에서 현대 물리학이 제1차 세계 대전을 전후한 인류 문명과 장래에 대한 심한 회의가 팽배해 있던 시기에 출현했다는 것은 의미가 있는 일이다.

어휘와 한자

[1] 理性
다스릴 이(리), 성품 성

[2] 制動
억제할 제, 움직일 동

[3] 打擊
칠 타, 부딪칠 격

01 이 글의 내용과 일치하지 않는 것은?
① 18세기 계몽 사조는 근대적인 자연관에 근거를 두고 있다.
② 결정론적 자연관에 결정적인 타격을 준 것은 상대성 이론이다.
③ 결정론적 자연관은 미신에 대한 믿음, 인간 중심의 편견을 부정하였다.
④ 현대 물리학은 '절대적인 것에 대한 믿음의 타파'와 같은 현대인의 가치관에 영향을 주었다.

02 ㉠, ㉡에 공통으로 들어갈 말로 적절한 것은?
① 그리고
② 다시 말해
③ 가령
④ 그렇지만

03 ⓐ에 대한 ⓑ의 비판으로 적절하지 않은 것은?
① 뉴턴 역학은 자연 세계의 확률 값만을 추측할 수 있을 뿐이다.
② 절대적인 공간과 시간을 전제로 한 과학 이론은 성립하지 않는다.
③ 인간의 능력에는 한계가 있으므로 모든 자연 세계를 이해할 수는 없다.
④ 인간의 불확정성 때문에 자연 현상의 원인을 알더라도 결과를 예측할 수 없다.

04 이 글을 읽고, 중심 내용을 요약하시오.

19주 차 숙제용 문제도 꼭 풀어 보세요. 숙제용 문제는 《독해야 산다 2 - 점수를 바꾸는 15분》 강의에서 다운로드 받으세요.

19주 차 **2회 숙제용** 이태종, 〈사후적 고찰〉 ☐
　　　　　3회 숙제용 이훈구, 《심리학자가 들여다본 인간 시장》 ☐

어느새 20주 차까지 왔네요! 여기까지 잘 따라왔을 거라 믿어요. 오늘 읽을 글은 내용 일치 중심으로 꼼꼼하게 읽어야 합니다. 생명의 여러 특성을 나열한 뒤, 사례를 들어 생명체의 정의를 제시하고 있다는 점이 특징이네요.

20주 차

01~04 다음 글을 읽고 물음에 답하시오.

 '생명' 또는 쉽게 말하여 '살아 있다'라는 것은 무엇을 의미하는가? 어린아이들의 건전지로 작동되는 장난감 인형이나 용수철의 힘으로 움직이는 장난감 개구리를 '살아 있다'라고 생각하는 사람은 없을 것이다. 뇌의 기능은 정지되어 있으나 인공호흡기에 의해서 호흡이 유지되고 있는 '식물인간'이 살아 있는가 또는 죽었는가 하는 문제가 최근에 법률적인 쟁점[1]으로까지 비화되었던 사실을 우리는 잘 알고 있다.
 생명의 본질에 대해서는 고대로부터 많은 철학자와 신학자들 사이에서 논란이 있어 왔다. 그러나 생명에 대한 대부분의 정의는 그 관점이 추상적이거나 단편적이어서, 누구나 받아들일 수 있는 논리적인 근거가 희박[2]하였다. (㉠) '생명' 또는 '생명 현상'을 한마디로 정의하려고 많은 노력을 하기 전에 먼저, 우리가 일반적으로 '생명체' 또는 '살아 있는 것'으로 정의할 수 있는 여러 특성들을 나열해 본 후, 이들 중 가장 보편적으로 적용이 가능한 성질을 '생명의 본질'이라고 받아들이는 것이 타당할 것이다. '생명이 있다' 또는 '살아 있다'라는 말은 과학에서 나온 용어가 아니고 임의성을 가지고 정의할 수밖에 없는 언어학에서의 일반적인 통념이기 때문이다.
 우리가 어떤 것이 '살아 있다'라고 말할 때 그것은 크게 다음과 같은 특성을 지닌다. 첫째, 살아 있는 것은 움직인다. 둘째, 살아 있는 것은 숨을 쉰다. 셋째, 살아 있는 것은 그와 비슷한 종류의 자손을 만들어 번식하는 능력이 있다. 이 중에서 '살아 있는 것은 움직인다.'라는 정의는 보편성이 없는 것 같다. 앞에서 예로 든 전기 장난감의 경우와 같이, 움직이는 것을 모두 생명체라고 할 수는 없겠다. 한편 박테리아나 미생물은 숨을 쉬지 않으나 생물체의 일종임을 우리는 잘 알고 있다. 이렇게 되면 결국 생명체란 세 번째의 특성인 '그와 비슷한 종류의 자손을 만들어 번식하는 성질이 있다.'라고 정의하는 것이 무난할 것 같다. 물론 불임의 노새는 번식력이 없으므로 죽었다고 말할 수는 없을 것이고, 또 무기물 결정이 용액 중에서 서서히 증가될 때, 같은 모양이 계속 증가된다고 하여 결정이 살아 있다고 말하는 사람은 없을 것이다. 이러한 몇몇의 예외를 제외하면 '스스로 복제할 수 있는 능력'이 생명체의 공통되는 성질이라고 볼 수 있다. (㉡) '스스로 복제하는 능력 — 유전 —'을 생명의 본질이라고 정의하고 생명체는 '유전된다'라고 받아들이기로 한다.
 '유전되는 것은 생명이 있다.'라고 정의한다면 대체 생명체를 유전되도록 만드는 인자는 무엇인가라는 의문이 생기게 된다. 유전 인자는 유전에 필요한 유전 정보를 갖고 있는 물질일 것이다. 개가 당나귀를 낳지 않거나 꿩이 닭을 낳을 수 없는 것과 같은 유전 현상으로부터 우리는 최소한 생명체 속에는 유전의 정보를 제공하고 또 지시하는 어떤 인자 — 유전 인자 — 가 존재할 것이라는 추측[3]을 할 수 있다.
 유전 인자의 정체가 무엇인가를 알아내려는 연구들이 20세기 중반까지 여러 나라에서 계속되어 왔다. 최종적으로, 1953년에 왓슨과 크릭에 의해서 생물체 내의 유전 인자인 DNA라는 핵산의 구조와 그 기능이 자세히 밝혀져 이때부터 현대 분자 생물학의 발달이 체계적으로 시작되었다고 할 수 있다. DNA의 구조가 밝혀진 후 지난 30여 년간 분자 생물학은 급속히 발전하여 어떻게 생체 내에서 유전 인자가 유전 정보를 전달하며 전달된 유전 정보가 어떤 과정을 통해 실제로 자손의 증식에 사용되는가 등의 유

어휘와 한자

[1] 爭點
 다툴 **쟁**, 점찍을 **점**

[2] 稀薄
 드물 **희**, 얇을 **박**

[3] 推測
 옮길 **추**, 잴 **측**

전 현상에 관한 대부분의 의문이 풀렸고, 이제는 유전 정보 자체를 인공적으로 변환시킬 수 있는 경지에까지 도달했다.

01 이 글의 내용과 가장 일치하는 것은?
① DNA는 생물체의 유전 인자로 생물의 자기 복제를 가능케 한다.
② 고대의 철학자들은 통념을 뛰어넘어 생명에 대한 보편적 정의를 정립했다.
③ 유전 인자가 유전 정보를 전달하는 방법은 아직까지 제대로 밝혀내지 못했다.
④ 분자 생물학의 발전으로 인류는 완전히 새로운 생명체를 창조할 수 있게 되었다.

02 ㉠, ㉡에 공통으로 들어갈 말로 적절한 것은?
① 그리고, 또한 등
② 한편, 그런데 등
③ 하지만, 그러나 등
④ 따라서, 그래서 등

03 이 글을 바탕으로 할 때, 문맥적 의미가 다른 하나는?
① 전기로 움직이는 장난감 인형
② 스스로 복제하는 줄기세포
③ 숨을 쉬지 않는 박테리아
④ 번식력이 없는 늙은 노새

04 이 글을 읽고, 중심 내용을 요약하시오.

20주 차 숙제용 문제도 꼭 풀어 보세요. 숙제용 문제는 《독해야 산다 2 - 점수를 바꾸는 15분》 강의에서 다운로드 받으세요.

20주 차 **2회 숙제용** 한정식, 〈사진이란 무엇인가〉 ☐
3회 숙제용 《과학 기술의 철학적 이해》 ☐

21주 차

01~04 다음 글을 읽고 물음에 답하시오.

흔히 경제학의 아버지로 불리는 애덤 스미스는 국가의 부의 본질과 원천에 대한 탐구인 《국부론》을 발표하기 전 《도덕 감정론》을 출간❶했다. 사회 철학 입장에서 인간 행위와 인식, 윤리와 사회적 조화 가능성 등을 모색한 이 책은 《국부론》의 경제 담론의 철학적 기초로서뿐 아니라 인간관계의 구체적 현장에서 참조할 수 있는 윤리학적 성찰로 주목된다. 스미스가 보기에 인간은 기본적으로 이기적이다. 자기 이익을 추구하려는 열정과 행위를 보이게 마련이다. (ⓐ) 그것은 사회 전체의 이익과 조화를 이루는 방향으로 나아가는 경향이 있다. '보이지 않는 손'이 그런 방향으로 인도하기 때문이다. 《국부론》을 통해 우리가 이해한 대목인데, 이 논리의 기초를 우리는 《도덕 감정론》에서 확인하게 된다.

개인의 사적 이익 추구와 사회 전체의 이익의 조화 가능성의 기초는 '공감' 능력이다. (㉠) 인간은 기쁠 때나 슬플 때 타인과 감정을 교류하며 함께 기뻐하고 슬퍼한다. 특히 슬픈 상황에 대한 동정과 연민은 인간적인 것의 토대다. 타인의 감정과 조화를 이루기 위해 개인은 제 감정을 억제하기도 한다. (㉡) "결국 타인의 공감은 늘 미미한 수준에 그친다."라고 스미스는 말하거니와, 그러기에 공감의 기초인 '상상 속 입장의 교환'인 역지사지의 진정성은 매우 중요하다. (㉢) 각자 자신의 이기성과 역지사지의 불충분함을 시인❷하고 더 충실한 입장의 교환을 상상하는 것이 인간의 품격이나 윤리에서 중요하다고 스미스는 강조한다. (㉣)

물론 그렇게 노력해도 두 사람의 감정이 완전히 일치할 수는 없다. 동음이 아닌 협화음이더라도, 그런 윤리적 노력이 사회를 조화롭게 하는 데 기여한다. 그 협화음을 위해 개인은 저마다 '공평한 관찰자'를 발견하고 육성할 필요가 있다. 《도덕 감정론》에 따르면 이기적이고 일방적인 판단으로부터 인간을 지키기 위해 '상당히 공평하고 공정한 인물, 즉 자기 자신에게나 자신의 행동으로 인한 여러 이해관계에 있는 사람에게나 아무 특별한 관계를 갖지 않은 인물의 눈앞에서 행위하는 것처럼 생각하는' 관찰자, 곧 '중립적인 관찰자이자 우리의 행동을, 우리가 타인의 행동을 볼 때와 마찬가지로 이해관계가 없이 고찰'하는 공평한 관찰자가 판단과 행위의 적정성을 제고❸할 수 있으며, 그 공평한 관찰자를 연결하는 보이지 않는 손이 작동할 때 사회는 조화를 이룰 수 있다.

타인을 위해 많이 공감하되 자신의 이기적 추구는 억제하는 것, 이를 위해 공평한 관찰자를 잘 작동시키면 인간은 품위와 적정성을 유지할 수 있고, 보이지 않는 손이 이끄는 대로 '인류가 가진 다양한 감정과 정념의 조화'를 만들어 낼 수 있다는 스미스의 논지를 따라가다 문득 '내로남불(내가 하면 로맨스, 남이 하면 불륜)' 현상을 떠올렸다. 굳이 인사 청문회를 둘러싼 갈등 얘기 같은 것을 하지 않더라도, 내로남불 현상은 때때로 공평한 관찰자의 실종에 대해 생각하게 한다. 그것이 실종되면 긍정적 맥락의 보이지 않는 손에 의해 품격 있고 조화롭게 성장할 수 있는 사회적 가능성도 아득해지지 않을까. 우리 모두 내 안의 중립적 관찰자를 간절하게 호명할 일이다.

어휘와 한자

❶ 出刊
날 출, 책 펴낼 간

❷ 是認
옳을 시, 알 인

❸ 提高
끌 제, 높을 고

01 이 글의 내용과 부합하지 않는 것은?
① 스미스는 공감의 한계성을 인지하고 보다 충실하게 타인의 입장을 상상할 것을 강조한다.
② '보이지 않는 손'은 사익의 추구가 사회 전체의 이익과 조화되도록 하는 기능을 한다.
③ 내 안의 '공평한 관찰자'는 타인의 행동을 나의 행동처럼 이해관계 없이 고찰한다.
④ 개인마다 '공평한 관찰자'를 육성해야 사회가 품격 있고 조화롭게 성장할 수 있다.

02 문맥상 ⓐ에 들어갈 말로 가장 적절한 것은?
① 따라서
② 하물며
③ 그러나
④ 심지어

03 ㉠~㉣ 중 〈보기〉의 내용이 들어갈 위치로 가장 적절한 것은?

― 보기 ―
　그럼에도 슬픔이나 고통을 경험한 주체와 주위 사람의 감정이 정확히 일치할 수는 없다. 최대한 역지사지의 마음으로 공감한다 하더라도 상상에 불과하기 때문이다.

① ㉠　　　② ㉡　　　③ ㉢　　　④ ㉣

04 이 글을 읽고, 중심 내용을 요약하시오.

21주 차 숙제용 문제도 꼭 풀어 보세요.　　숙제용 문제는 《독해야 산다 2 – 점수를 바꾸는 15분》 강의에서 다운로드 받으세요.

21주 차　**2회 숙제용**　정정훈, 〈인공 지능과 판사〉　☐
　　　　　　3회 숙제용　송혁기, 〈협치가 필요한 이유〉　☐

이 글에서는 정조의 문체 반정을 설명하고 있어요. 이 글을 도식화해 보면, 고문의 기능과 고문의 한계, 이를 보완하는 소품문의 특성과 의의로 나눠지네요. 미래를 위해 현재에 노력하는 여러분이 존경스럽습니다.

22주 차

정답과 해설 105쪽

01~04 다음 글을 읽고 물음에 답하시오.

문체(文體)와 통치는 어떤 관계에 있을까? 정조(正祖)는 "명청(明淸) 이래의 문장은 험하고 괴상하여 나는 보고 싶지 않다. 요즘 사람들은 명·청인의 문집 보기를 좋아하는데, 무슨 재미가 있는지 모르겠다."라고 하면서 당시 시정에 유행하는 문체가 불온하고 순정하지 못하다고 여겨 1792년 10월 19일 중국 서적 금지령을 내렸다. 정조는 경학의 고문(古文)을 우주와 역사에 대한 깊고도 원대한 사유, 중후한 격식을 갖춘 문장으로 여겨 문장의 모델로 삼았다. 그래서 정조는 문체를 당대의 사유 체계라고 생각했다. 중세 유럽의 대학에서 수사학(修辭學)을 주요 과목으로 설정한 것도 이 때문이다. 문체는 단지 내용을 담는 그릇이 아니라 내용을 제한하는 규범적 장치이다. 예를 들면, 대학의 학문 체계는 논문이라는 표현 형식을 모든 구성원에게 부과한다. (㉠) 학위를 받기 위해서는 대학이 부과하는 규범화된 언어 형식을 습득(習得)해야만 한다. 만약 이 체계를 벗어나면 지식의 경계 밖으로 밀려나게 된다.
(㉡) 정조는 문체가 지식인을 길들이고 국가 체제를 유지¹시킨다고 생각했다. 조선 시대에는 고문이 바로 그런 역할을 담당했다. 태어나서 문자를 익히기 시작하는 순간부터 모든 지식인들은 고문을 배워야 했다. 지식은 곧 고문으로만 표현되어야 하기 때문이었다. 육경(六經)의 문장과 사마천과 반고로 대표되는 선진양한(先秦兩漢)의 문장, 한유와 소식 등 당송(唐宋) 팔대가의 문장이 바로 거기에 해당된다. 고문은 사대부들의 사유(思惟) 체계를 묶고, 지배적인 문장을 재생산하도록 했다. 정조가 당시 시정에서 유행하는 문체를 배척²한 이유는 바로 고문에서 어긋나며 국가 체제를 흔든다고 생각했기 때문이었다.
(㉢) 고문은 중국 고대에 완성된 문장으로 시간적으로는 아득한 옛날, 공간적으로는 저 중원 땅을 향하게 함으로써 정작 '지금, 여기'를 돌아보지 못하게 만드는 교묘하고 집요한 장치였다. 그런데 이 체제 유지 장치에 균열³의 조짐이 보이기 시작했다. 명말 청초의 문집이 유입되면서 고문과는 전혀 다른 소품문(小品文), 소설(小說), 고증학(考證學) 등이 번성하게 된 것이다. 소품문이 번성했다는 것은 새로운 삶과 사유로 무장한 신지식인들이 출현했다는 것을 의미하는데, 그 한 가운데에는 박지원과 이덕무, 이옥, 박제 등이 있었다.
소품문은 짧은 글이다. 따라서 소품문은 뛰어난 기지와 창의성이 필요하며 단순히 글재주로만 되는 것이 아니라, 삶 자체가 그대로 글이 되어야 비로소 가능한 것이다. 연암도 소품문을 즐겨 썼는데, 그는 소품문에서 "눈앞의 일 속에 참된 정취 있거늘 / 어쩌자고 머나먼 옛날에서 찾는가.", "사마천과 반고가 다시 살아난대도 / 사마천과 반고를 배우지 않으리라."라고 했다. 어설프게 고문을 본뜨지 말고 지금 눈앞에 펼쳐지는 삼라만상과 우리 것에 눈 뜨라는 것이다. 이처럼 소품문은 고문이 지닌 불필요한 긴 호흡을 제거해 버리고 중세적 사유에서 벗어나게 함으로써 고문의 상투성에서 벗어나 눈부신 생의 의미를 포착하게 했다. 소품문의 대상은 어린아이, 여성, 예인(藝人) 등 '소수적인' 존재들이었다. 소품문은 기존의 중심적 가치를 뒤집고, 중세적 사유 외부에 있는 사물들에게 관심을 보였던 것이다.

어휘와 한자

1 維持
바 유, 가질 지

2 排斥
물리칠 배, 물리칠 척

3 龜裂
터질 균, 찢을 열(렬)

01 이 글의 내용과 일치하지 않는 것은?
① 정조와 달리 박지원은 상투적인 문체보다 독창적인 문체에 주목했다.
② 조선 시대의 고문(古文)은 당대 현실을 성찰하게 만드는 사유 체계로 기능하였다.
③ 대학에서는 '논문'이라는 형식을 통해 지식을 담아내지 못하면 학위를 받지 못한다.
④ 소품문(小品文)은 중세적 사유에서 벗어난 문체로, 소수적 존재들에 주목하였다.

02 ㉠~㉢에 들어갈 알맞은 말을 차례로 제시한 것은?
① 그래서 – 그런데 – 그리고
② 그런데 – 또한 – 또한
③ 그리고 – 그리고 – 하지만
④ 그러므로 – 또한 – 그러나

03 이 글을 통해 답을 확인할 수 없는 질문은?
① 조선 시대 대표적인 고문은 무엇인가?
② 연암이 소품문을 쓴 목적은 무엇인가?
③ 소품문의 문체를 극복할 방법은 무엇인가?
④ 정조가 중국 서적을 금지한 이유는 무엇인가?

04 이 글을 읽고, 중심 내용을 요약하시오.

22주 차 숙제용 문제도 풀어 보세요. 숙제용 문제는 《독해야 산다 2 – 점수를 바꾸는 15분》 강의에서 다운로드 받으세요.

| 22주 차 | 2회 숙제용 | 전승민, 〈막 오른 생체 정보 빅 데이터 시대〉 | ☐ |
| | 3회 숙제용 | 이철우, 《나를 위한 심리학》 | ☐ |

권위 있는 학자의 견해를 인용하여 일반론을 제시하고, 이를 우리 사회에 적용해 우리 사회의 부정적 모습을 비판하고 있는 글이에요. 글이 길고 어렵지만, 이를 다 풀었을 때는 독해에 대한 자신감을 얻게 될 거예요. No pain, no gain!

23주 차

01~04 다음 글을 읽고 물음에 답하시오.

　지리학을 하면서 문명 비평에도 일가를 이루고 있는 재레드 다이아몬드 교수의 최근 저서에 《무너짐[Collapse]》이라는 것이 있다. 모든 자빠지는 것들과 무너지는 것들에 관심을 갖는 사람이라면 우선 제목에서부터 눈이 끌릴 만한 책이다. 아닌 게 아니라 "사회는 어떻게 성공하고 어떻게 실패하는가."라는 것이 이 책의 부제다. 어떤 사회는 성공하고 어떤 사회는 실패한다. 실패하는 사회는 왜 실패하는가? 다이아몬드의 언어 사용에서 흥미로운 것은 '왜[why]'가 아닌 '어떻게[how]'라는 의문사가 선택되고 있다는 점이다. '어떻게'라는 것은 방법과 절차와 선택을 물을 때 쓰는 말이다. 사회가 망하는 데도 '방법'이 있는가? 망하는 사회는 '망할 방법'만을 골라 선택하는가?

　다이아몬드의 진단을 요약하면 대체로 "그렇다"이다. 망하는 사회는 '잘못된 결정'을 선택함으로써 붕괴와 자멸의 길로 들어선다. 사회의 실패는 주로 네 가지 상황에서 발생한다. 첫째는 어떤 문제가 발생할 수 있다는 가능성을 예견하거나 예상하지 못한 채 틀린 결정을 내리는 경우이고, 둘째는 심각한 문제가 이미 발생해 있음에도 불구하고 그것을 인식하거나 감지하지 못하는 경우다. 셋째는 의지의 결여[1], 넷째는 불충분성이다. 사회가 어떤 문제를 발견하긴 했으나 그것을 해결하려 들지 않는 것이 의지의 결여라면, 문제를 알고 해결하고자 하면서도 "비용이 너무 들어."라며 우물거리거나 '너무 늦게 너무 적은' 쥐꼬리 해결책만 내놓다가 시기를 놓쳐 버리는 것이 불충분성에 의한 실패다.

　어떤 사회도 망하고 싶어서 스스로 망조 든 길을 선택하지는 않을 것이라는 상식에 기대어 말하면, 다이아몬드가 선택이라고 부른 것은 의미의 증감 없이 글자 그대로 '비고의적 실패'라고 해야 할지 모른다. (㉠) 모든 실패는 뒤집어 보면 '실패의 선택'이다. 사회는 함부로 망하는 것이 아니라 망할 이유가 있기 때문에 망한다. 사회를 무너지게 하는 이유 가운데 가장 치명적인 것이 결정의 오류, 곧 틀린 결정을 내리고 그것을 따라가기다. 옳은 결정이건 틀린 결정이건 모든 결정은 이미 선택 행위다. 문제의 발생 가능성을 예상하지 못한 데서 발생하는 실패는 인간 능력의 일반적 한계와 관계된다. (㉡) 그 실패조차도 따져 보면 상상력을 억눌러 죽이기로 '선택한' 사회의 실패일 때가 많다.

　지금 우리 사회는 어떤 중대한 실패를 선택하고 있는 것은 아닌가? 망조는 여러 곳에서 발견된다. 다이아몬드가 제시한 실패의 범주들은 우리 사회에도 그대로 적용된다. 문제의 발생 가능성을 예상하지 못하는 상상력 실패, 문제가 발생했음에도 불구하고 그것을 문제로 감지하지 못하는 인식의 실패, 문제는 발견했지만 해결에 나서지 못하는 의지력 부족, 문제를 알면서도 제때에 해결책을 동원하지 못하는 안일성과 무능, 이런 실패의 상황들은 남의 것이 아니다. 광복 60주년을 축하하기 위해 온갖 번쩍거리는 행사들은 열심히 치르면서도 우리 사회를 멍들게 하는 망조들은 차분히 점검해 내지 못하는, 아니 점검하지 않기로 '선택'하는 것은 무슨 망조인가? 정부의 실패나 시장의 실패도 한 사회를 망하게 할 수 있지만, 가장 치명적인 것은 사회 자체가 실패의 가능성을 보지 않기로 선택할 때의 실패, 곧 '사회의 실패'이다.

어휘와 한자

[1] 缺如
이지러질 **결**, 같을 **여**

이 사회의 실패 가운데 가장 오래되고 가장 위험한 것이 "경제를 살려야 한다."라는 썩은 구호의 '썩었음'을 감지하지 않기로 선택하는 우리 사회의 고질이다. 경제가 잘못 되기를 아무도 원치 않는다. (㉢) 재벌 기업들과 권력의 유착², 언론과 법조까지도 손에 넣어 부당한 방법으로 지배권을 확장하려는 재벌 행태, 그 행태를 두둔하고 감싸기 위해 제 정신 놓고 앞장서는 매체 조직들의 파렴치 매판 행위, 이런 것들과 '경제 살리기'는 아무 관계가 없다. 경제를 살리기 위해서는 되레 척결³하고 청산해야 할 부패한 관행들을 독버섯처럼 키워 주기 위해 30년간 국민을 볼모 잡고 협박하고 속여 온 것이 "경제를 살려야 한다."라는 구호다. 이 썩은 구호를 계속 방치한다면 그것이야말로 우리가 망하기로 작정하는 가장 확실한 실패의 선택이다. [중략]

사회가 망하지 않기 위해서는 무엇보다도 우리들 시민 자신이, 사회가, "우리는 실패를 선택하고 있지 않은가?"라는 질문을, 특히 요즘 같은 때는 하루 세 번씩, 우리 자신에게 던져 보아야 한다. 시민이 시민인 것은 그가 사회의 무너짐을 거부하는 자이기 때문이다. 그 거부가 시민의 권리다. 이미 오래전부터 발생해 있었으나 그 치유는 무한 연기되어 온 문제, 그것이 지금 시민 앞에 있다. 슬프게도 우리는 '시민 법정'을 세워야 할 궁벽한 순간으로 지금 내몰리고 있는지 모른다.

② 癒着 병 나을 유, 붙을 착

③ 剔抉 바를 척, 도려낼 결

01 이 글의 내용과 일치하면 O, 일치하지 않으면 ×에 표시하시오.
(1) 글쓴이는 문제의 발생 가능성을 예상하지 못한 데서 발생하는 실패가 인간 능력의 일반적 한계와 관련되기 때문에 '비고의적 실패'라고 본다. O | X
(2) 문제를 알면서도 제때에 해결책을 동원하지 못하는 안일성과 무능으로 보아, 우리 사회는 '불충분성에 의한 실패'를 선택하고 있다. O | X
(3) 글쓴이는 "경제를 살려야 한다."라는 구호는, 경제를 살리기 위해 척결해야 할 부패한 관행들을 키워 주기 위한 눈속임에 불과하다고 주장한다. O | X

02 문맥상 ㉠~㉢에 공통으로 들어갈 말로 적절한 것은?
① 그리고　　② 그래서　　③ 그러나　　④ 다시 말해

03 이 글의 글쓴이가 비판하는 상황과 어울리지 않는 한자 성어는?
① 矯角殺牛　　② 晚時之歎　　③ 優柔不斷　　④ 青天霹靂

04 이 글을 읽고, 중심 내용을 요약하시오.

숙제용 문제는 《독해야 산다 2 - 점수를 바꾸는 15분》 강의에서 다운로드 받으세요.

23주 차 2회 숙제용　김용규, 〈암송이 창의를 부른다〉　☐
　　　　 3회 숙제용　문형구, 〈저출산, '사회적 大합의' 절실하다〉　☐

이 글에서는 '분노'에 관한 통념을 통해 바람직한 '분노'를 살펴보고 있어요. 숙제용 글을 포함해서 이번 주 차에는 특별히 심리 시리즈를 준비해 봤답니다. 다양한 심리를 다룬 세 개의 글을 통해 심리를 이해하는 시간을 가져 보세요.

24주 차

정답과 해설 107쪽

01~04 다음 글을 읽고 물음에 답하시오.

　흔히 '분노'라는 개념은 매우 부정적으로 간주된다. 특히 개인들의 권리보다는 가족, 학교, 직장 등 공동체의 '조화'를 중요한 덕목으로 간주하는 한국 같은 사회에서, 개인들이 특정한 상황에서 느끼는 '분노'의 감정은 공동체 안의 조화와 대치¹되는 부정적인 감정으로 치부되곤 한다.
　그러나 모든 분노를 하나로 묶어서 부정적으로 보는 것은 위험하다. 왜냐하면 분노에는 여러 종류가 있기 때문이다. 다양한 분노들의 양태는 대략 ㉠본능적 분노, ㉡성찰적 분노, 그리고 ㉢파괴적 분노 등 세 가지로 나눌 수 있다.
　첫째, '본능적 분노'란 자신에게 가해진 어떤 외적 위협에 대한 즉각적 분노이다. 이러한 본능적 분노는 사람은 물론 동물들에게서도 나타난다. 예를 들어서 뱀이 개를 물려고 할 때, 그 개는 뱀을 향해서 으르렁거림으로써 자신의 분노를 드러낸다. 이러한 본능적이고 즉각적인 분노는, 자기 보호 본능에서 유발되는 것으로서 윤리적 성찰이 개입되기 이전의 분노이다.
　둘째, '성찰적 분노'는 어떠한 잘못된 행위에 대하여 윤리적 분노를 하는 것이다. 이 성찰적 분노는 어떠한 사건이나 행위에 대하여 부당함, 불의함, 불공평성 등에 대한 분석이 있은 후, 그 분석에 따른 윤리적 판단이 반영되는 윤리적 분노이다. 즉, 상황에 대한 '포괄적 분석', 그 분석에 근거한 '윤리적 판단', 그리고 그 판단에 근거한 '행동'의 과정을 거쳐서 가지게 되는 숙고된 분노이다.
　셋째, '파괴적 분노'가 있다. 이 파괴적 분노는 본능적 분노나 성찰적 분노가 지나칠 때 증오, 원한, 복수심으로 전이된 분노이다. 즉 증오, 원한, 복수심으로 변모되는 이 분노는 반(反)윤리적 분노이다. 성찰적 분노와 파괴적 분노를 종종 혼동²하는 경우가 많다. 그러나 이 두 종류의 분노는 그 동기, 과정, 결과에서 매우 다르다. 이 둘 사이의 가장 결정적인 차이는 그 분노의 대상에 달려 있다. 성찰적 분노는 '부당한 행위' 자체에 초점이 있지만, 파괴적 분노는 그 '행위자'를 향하면서 그 사람의 존재 자체를 맹목적으로 부정하고 증오하고, 급기야는 '악마화'하는 방식으로 표출된다.
　자신은 물론 누군가에게 가해지는 폭력과 차별과 부당한 대우의 피해자들과 연대하는 것은 매우 중요하다. 그러한 연대를 통해서 불의하고 불평등한 일들이 개선되고, 더욱 정의로운 사회를 향해서 진일보할 수 있기 때문이다.
　(ⓐ) 종종 연대하는 이들이 성찰적 분노와 파괴적 분노를 분리하지 못하는 경우가 많다. 이럴 경우 '약자들과의 연대의 이름으로' 또는 '정의의 이름으로' 부당한 행동을 한사람 자체를 악마화하고, 그 사람의 존재 자체를 부정하는 증오를 표출한다. 특히 소셜 미디어가 일상화된 현대 세계에서 어떤 사람을 악마화하고 증오하는 파괴적 분노는 손쉽게 퍼진다. 부당한 '행위' 자체에 대한 윤리적 분노가 아니라, 그 행위자에 대한 악마화와 극단적 증오로 탈바꿈하는 것이다. 이러한 반윤리적 분노는 그 분노의 대상을 사회적 죽음은 물론 육체적 죽음으로까지 내몰 수 있다는 점에서 지극히 파괴적이다. 또한 이러한 파괴적 분노는 타자는 물론 자신의 인간됨까지 파괴하는 독성을 지닌 분노이다.

어휘와 한자

1 對峙
대답할 **대**, 우뚝솟을 **치**

2 混同
섞을 **혼**, 같을 **동**

우리가 지속적으로 배워야 하는 분노는 성찰적 분노이다. 누군가가 불의한 행동을 했을 때 옳고 그름에 대한 윤리적 판단을 하는 사람이라면 성찰적 분노를 할 수 있어야 한다. 성찰적 분노가 주는 두 가지 중요한 이득이 있다.

첫째, 개인적 차원에서의 이득이다. 성찰적 분노는 폭력적 상황으로부터 개인들을 보호하고 자기 존중감을 유지하게 한다. 자신에게 부당한 일이 일어났는데도 아무런 분노를 느끼지 못한다면, 그것은 이미 그 개인 속에 지켜 낼 자존감도 남아 있지 않거나 무엇이 부당한 것인가에 대한 인식이 결여되어 있다는 것을 의미한다.

둘째, 공적 차원에서의 이득이다. 성찰적 분노에 의한 문제 제기와 항의를 통해서, 잘못된 일을 하는 이들의 개선과 상응하는 처벌을 요구함으로써 '정의의 집행❸'이 가능하도록 할 수 있다. 이러한 성찰적 분노는 불의한 일을 한 개인이나 집단을 처벌하고 개선하게 하는 효과도 있고, 동시에 다른 사람들도 그러한 유사한 잘못을 하지 못하도록 서로를 보호하는 의미도 될 수 있다.

❸ **執行**
잡을 **집**, 다닐 **행**

01 이 글의 글쓴이가 말한 내용과 일치하지 않는 것은?
① 전체의 조화가 중시되는 사회에서 분노는 부정적 감정으로 치부되기 쉽다.
② 파괴적 분노는 부당한 행위를 한 사람 자체를 향해 맹목적으로 표출된다.
③ 현대 사회에서 극단적 증오가 확산되는 데는 소셜 미디어도 작용하고 있다.
④ 성찰적 분노는 불의를 저지른 이들에 대해 관용을 베푼다는 의미를 포함한다.

02 문맥상 ⓐ에 들어갈 말로 가장 적절한 것은?
① 이 때문에   ② 하물며   ③ 그런데   ④ 더군다나

03 ㉠~㉢에 대한 설명으로 적절하지 않은 것은?
① ㉠은 ㉡과 달리 윤리적 판단이 개입되지 않은 분노이다.
② ㉡은 ㉢과 달리 개인과 사회에 이득을 줄 수 있는 분노이다.
③ ㉡, ㉢은 ㉠과 달리 사람들이 쉽게 혼동할 수 있는 분노이다.
④ ㉠은 ㉢으로 바뀔 수 없지만, ㉡은 ㉢으로 바뀔 수 있는 분노이다.

04 이 글을 읽고, 중심 내용을 요약하시오.

숙제용 문제는 《독해야 산다 2 - 점수를 바꾸는 15분》 강의에서 다운로드 받으세요.

24주 차	2회 숙제용	혜민 스님, 〈우리가 외로운 이유〉	☐
	3회 숙제용	정여울, 〈트라우마와 스트레스의 차이〉	☐

I'm 독해지기

이 글은 초전도체인 금속성 수소의 개발 과정과 예측을 다룬 설명문이에요. 과학 분야의 글을 읽을 때는 사실적 이해가 중요하죠. 생소한 내용일수록 집중해야 합니다. 집중력도 실력이다!

25주 차

정답과 해설 108쪽

01~04 다음 글을 읽고 물음에 답하시오.

    수소를 포함한 모든 기체는 온도가 내려가고 압력이 올라가면 액체가 되고 결국은 고체로 변한다. 고체는 비록 같은 원자로 이뤄져 있다 하더라도 압력에 따라 서로 구조가 다른 물질로 변화할 수 있는데, 이를 고체 상전이*라고 한다. 그리고 1기압의 압력에서 부도체*인 고체도 압력이 높아지면 상전이가 일어나면서 금속성 도체로 상전이가 일어나기도 한다.
    1930년대에 물리학자인 유진 위그너와 힐러드 헌팅턴에 의해 350만 기압인 지구 중심부 압력에 가깝게 도달하면 수소도 금속성을 가지는 고체가 될 것이라는 논문이 발표됐다. 높은 압력에서 수소 분자가 깨지면서 원자로 이뤄진 상태가 되면 마치 금속과 같은 구조가 돼 전도성을 비롯해 금속성 성질이 나타날 것이라는 예상이었다. (㉠) 당시에는 실험으로 증명[1]할 수 있는 고압 발생 기기가 없었다.
    1960년대가 되면서 이전의 고압 발생 기기와는 완전히 다른 개념의 다이아몬드 앤빌 셀(Diamond-Anvil Cell)이라는 기기가 만들어졌다. 다이아몬드 2개 사이에 적은 시료를 넣고 누르면 지구 중심부 압력 이상도 도달할 수 있는 기기이다. (㉡) 많은 고압 상태의 수소에 관한 이론적 연구 결과가 발표됐다. 금속성 수소가 되는 압력은 더욱 높을 것으로 예상됐지만, 만들어지면 상온에서 초전도* 현상을 보이는 양자 고체가 될 뿐만 아니라 압력을 낮춰 1기압으로 돌아오더라도 안정한 상태로 유지하는 준안정 상태가 될 것이라고 예측했다. 마치 순수 탄소로 이뤄진 가장 안정한 고체는 흑연이지만 불안정한 다이아몬드가 준안정 상태로 같이 존재하는 것과 유사한 것이다.
    초전도체는 인류의 생활 환경을 송두리째 바꿀 수 있는 재료이다. 만약 상온에서 작동하는 초전도체가 상용화될 수 있다면 우리가 공상 과학[SF] 영화에서 보여 주는 것이 현실로 구현[2]될 것이다. 자기 부상 열차는 일상화되고 에너지 문제는 거의 해소될 것이다. 현재 아주 일부에서 특수 물질로 만든 초전도체를 사용하고 있다. 영하 260도 정도의 매우 낮은 온도에서만 초전도체가 되기 때문에 자기 공명 영상[MRI]과 같은 고가의 의료 기기 등 일부에만 사용되고 있다.
    재료는 인류 생활 환경을 완전히 다르게 만든다. 우리가 철기 시대에 살아왔다고 할 만큼 인류 역사에서 철과 같은 금속 소재는 현재의 문명을 만든 가장 중요한 재료였다. 철기 시대는 수천 년 전에 시작했지만 대량 생산해 사회 전반[3]에 활용한 것이 200~300년에 불과하다. 현재 미국을 세계에서 가장 부유한 나라로 만들 수 있던 것도 쇠로 만든 철로와 기관차이고, 뉴욕 맨해튼의 마천루는 뼈대가 강철로 만들어졌다. 그리고 19세기 후반부에 발명된 플라스틱과 같은 고분자 재료는 우리 주위에 너무나 많이 있다. 건물의 구조 재료, 옷, 그리고 스마트폰부터 과자 봉지까지 주위의 물건은 거의 대부분 고분자 재료로 만들어져 있다. 철은 수천 년에 걸쳐 대중화됐지만 고분자 재료는 처음 만들어지고 불과 100년 만에 세상을 바꿨다.
    금속성 수소 연구는 지난 수십 년 동안 전 세계의 여러 연구실에서 시도돼 성공했다는 연구 결과가 처음 발표됐지만 산업화 가능성은 아직 미지수이다. 그러나 어쩌면 수십 년 이내 대중화돼 세상을 바꾸는 재료가 될지도 모른다.

어휘와 한자

[1] **證明**
증거 증, 밝을 명

[2] **具現/具顯**
갖출 구, 나타날 현 /
갖출 구, 나타날 현

[3] **全般**
온전할 전, 옮길 반

* 상전이(相轉移): 물질이 온도, 압력, 외부 자기장 따위의 일정한 외적 조건에 따라 한 상(相)에서 다른 상으로 바뀌는 현상. 예를 들면 융해, 고화, 기화, 응결 따위이다.
* 부도체(不導體): 전도체나 소자로부터 전기적으로 분리되어 있어 열이나 전기를 잘 전달하지 아니하는 물체
* 초전도(超傳導): 어떤 종류의 금속 또는 합금을 냉각할 때, 매우 낮은 온도에서 전기 저항이 사라져 전류가 장애 없이 흐르는 현상

01 이 글에서 언급한 내용이 아닌 것은?
① 금속성 수소 연구의 진전 과정과 예측
② 수소가 금속성 고체로 바뀌기 위한 조건
③ 고온 초전도체가 상용화되면 실현 가능한 일
④ 철에 비해 단기간에 대중화된 신소재의 출현

02 문맥상 ㉠과 ㉡에 들어갈 말로 가장 적합한 것은?

	㉠	㉡		㉠	㉡
①	요컨대	또한	②	하물며	반면
③	따라서	그런데도	④	그러나	그리고

03 이 글을 읽은 독자의 반응으로 가장 적절한 것은?
① 한번 만들어진 금속성 수소는 불안정하기 때문에 산업적 가능성이 미지수군.
② 철은 200~300년 만에 대중화되었지만, 고분자 재료는 100년 만에 대중화되었군.
③ 특수 물질로 만든 초전도체는 현재 기술적 한계 때문에 특정 영역에서만 사용되는군.
④ 유진 위그너와 힐러드 헌팅턴은 금속성 수소 연구를 위해 고압 발생 기기를 만들었군.

04 이 글을 읽고, 중심 내용을 요약하시오.

이 글에서는 철학의 의미를 서술하고 있어요. 이 글은 통념을 제시한 뒤 이를 다양한 근거를 통해 반박하는 구조입니다. 적절하지 않은 전개 방식을 물을 경우에는 전체적인 내용 전개 방식과 세부적인 서술 방식을 모두 찾아내야 합니다.

26주 차

정답과 해설 109쪽

01~04 다음 글을 읽고 물음에 답하시오.

철학자 마키아벨리. 혹자에게는 이 말이 이상하게 들릴지도 모른다. 마키아벨리가 철학자란 말인가. 그의 주저(主著) 《군주론》이나 《리비우스 논고》가 권력과 정치의 본질에 대한 깊은 정치 철학적 함의를 담고 있기는 하지만, 그렇다고 그를 '철학자'로 부르는 사람은 거의 없다. 이는 철학이라 번역되어 온 그리스어 '필로소피아'에 대한 주류적 정의 때문이기도 한데, 이는 결국 세계와 인간에 대해 묻고 생각하고 인간의 삶과 존재의 의미를 탐색[1]하며, 자연이 무엇인지를 규정하고 인식의 가능성과 한계를 지극히 추상적인 층위에서 분석하려는 시도로 귀결되기 때문이다. 물론 마키아벨리 역시, 더 바람직한 정치적 삶이란 어떤 것인지, 권력과 부패가 서로 어떤 관계를 갖고 있는지, 그리고 어떻게 해서 인간 세계에 종교란 것이 나타나게 되었으며 그것이 지닌 정치적 기능은 무엇인지 등의 문제에 대해 고찰하고는 있다. 그러나 칸트나 하이데거와 같은 이른바 전문적 철학자의 방식으로 더 근원적인 질문을 던지고 답하지는 않는다.

(㉠) 필로소피아가 원래 '앎에 대한 사랑'이라는 뜻이라는 점을 돌이켜 볼 때, 이 말을 지나치게 근대적이고 전문적인 학문 분야로서의 철학으로만 한정하는 것은 그것을 직업으로 삼는 사람들의 아집[2]일 수도 있다. 사실 그 말은 이성을 통한 모든 종류의 성찰과 고구(考究)를 포용하는 넓은 의미로 사용되어야 마땅하며, 사실 그렇게 쓰인 경우도 결코 드물지 않다. 마키아벨리의 친구들은 종종 그를 가리켜 '별난' 사람이라고 말하곤 했다. 《마키아벨리 평전》을 쓴 로베르토 리돌피는 이런 의미에서 그에게 '비차로'(괴짜)의 면모가 있다고 말한 바 있지만, 그의 언명은 마키아벨리가 거의 언제나, 일반적인 주장과 견해에 대해 그것을 그대로 받아들이기보다는 자신의 이성과 관점을 통해 재사유하는, (㉡) 종종 그것에 '거스르는' 경향을 갖고 있다는 측면에서 이해되어야 마땅하다. 이러한 성찰의 방식과 태도야말로 곧 본연적 의미의 철학일 것인데, 평소 마키아벨리의 별난 생각과 의견들을 접해 왔던 한 친구가 그를 가리켜 실제로 '필로소포'라 불렀던 것도 바로 이러한 이유에서였을 것이다.

철학자란 말을 고도로 추상화된 명제를 논증[3]하는 직업적인 학자라기보다는 공적 문제에 더 많은 관심을 가진 지식인이라는 뜻으로 사용한 대표적인 예가 18세기 프랑스 계몽사상가들이다. 그들은 스스로를 '필로조프'로 불렀다. 그들은 삶과 학문의 모든 분야를 전통과 관습이 아니라 오직 이성을 통해 사유하려고 한 사람들이었다. 그들은 비판적인 눈을 통해 사회 전반의 오랜 폐해들을 개선하고 혁신하려 했고, 이러한 생각을 국제적인 '문필 공화국'을 통해 공유하였다. 그들은 진보와 관용을 지지하고, 기존의 종교와 봉건 제도의 유산을 불신하였다. 또한 그들은 방대한 항목의 《백과전서》를 통해 자신들의 견해와 관점을 대중들에게 퍼뜨리고자 했다. 인류사 대부분을 점해 온 신분제를 폐지하고 종교의 절대적 권위를 불식시킨 프랑스 혁명도 이러한 사상적 선구자들이 없었다면 아마 가능하지 않았을 것이다.

어휘와 한자

[1] 探索
찾을 **탐**, 찾을 **색**

[2] 我執
나 **아**, 잡을 **집**

[3] 論證
논의할 **논(론)**, 증거 **증**

01 이 글의 내용과 일치하면 O, 일치하지 않으면 ×에 표시하시오.

(1) 글쓴이는 마키아벨리를 '철학자'로 부르는 일이 거의 없는 것은 권력과 정치의 본질을 탐구한 그의 주저에 철학적 함의가 부족했기 때문이라 본다. O | ×

(2) 글쓴이는 마키아벨리가 자신의 이성적 판단에 입각해 일반적인 견해를 되생각하는 경향이 있었던 점에서 '철학자'로 불려 마땅하다고 본다. O | ×

(3) 18세기 프랑스의 계몽사상가들은 대중들에게 자신들의 견해와 관점을 보급하는 저술을 통해 대중으로부터 '철학자(필로조프)'라는 명칭을 얻었다. O | ×

02 문맥상 ㉠과 ㉡에 들어갈 말로 가장 적합한 것은?

	㉠	㉡		㉠	㉡
①	더군다나	그러나	②	하지만	그래서
③	오히려	그럼에도	④	그러나	차라리

03 이 글에 나타난 설명 방식으로 적절하지 않은 것은?

① 상호 대립된 견해를 제시하고 이를 종합하고 있다.
② 용어의 본래 정의를 이용하여 통념을 반박하고 있다.
③ 인물과 관련된 일화를 들어 주장을 뒷받침하고 있다.
④ 구체적 예시를 사용하여 용어의 의미를 넓히고 있다.

04 이 글을 읽고, 중심 내용을 요약하시오.

26주 차 숙제용 문제도 꼭 풀어 보세요.   숙제용 문제는 《독해야 산다 2 - 점수를 바꾸는 15분》 강의에서 다운로드 받으세요.

26주 차	2회 숙제용	정태연, 〈용기 있는 사람이 필요한 시대〉	☐
	3회 숙제용	이재원, 〈SNS의 틈새, 우리 사회 희망인가 취향 공동체인가〉	☐

27주 차

01~04 다음 글을 읽고 물음에 답하시오.

가 제4차 산업 혁명과 제2의 기계 시대가 본격화함에 따라 적어도 향후 수십 년간은 일자리가 줄어들고 노동 소득의 비중이 감소하는 흐름이 가속화할 것이라는 전망[1]이 나오고 있다. 반면 기계의 높은 생산성을 바탕으로 생겨난 이득을 일부 자본가가 차지하는 비율은 갈수록 높아질 가능성이 크다. 이에 따라 일자리와 노동 소득이 줄어들 것에 대비해 총 수요를 확충하는 방안으로서 기본 소득제가 논의되고 있다.

나 하지만 ㉠<u>기본 소득제만으로는 충분치 못하다</u>. 가상의 예를 들어 설명해 보자. 지금 세계의 평균 부가 연 2% 늘어날 때, 즉 평균 자본 수익률이 2%일 때 상위 0.1%의 부를 가진 사람들의 자본 수익률(r)이 6%라고 하자. 그러면 30년 뒤엔 상위 0.1%가 세계 전체 자본에서 차지하는 비중이 세 배 이상 늘어나게 된다. 현재 상위 0.1%가 대략 세계 전체 자본의 20%가량을 차지하는 것으로 추정되는데, 30년 뒤에는 60%를 소유하게 된다. 극소수 최상위 부유층으로 부가 몰리게 되는 것이다. 실제로 전세계 최상위 부자들에 대한 연구 결과는 이들이 지난 수십 년 동안 지속적으로 평균보다 훨씬 높은 투자 수익률을 기록해 왔음을 보여 주고 있다. 그리고 '제2의 기계 시대'에 생산성이 높아질수록 이 흐름은 더욱 가속화할 가능성이 높다.

다 이런 점을 고려할 때 소득뿐만 아니라 일정한 수준의 자본도 국민들에게 나눠 줄 필요가 있다. 기계의 높아지는 생산성이 주는 경제적 혜택을 대다수 국민들도 누리게 하자는 것이다. 이렇게 하면 자본 격차에 따라 시간이 갈수록 불평등이 확대되는 문제를 어느 정도 해결할 수 있다. 실제로 토마 피케티는 같은 소득을 버는 사람들의 소득 격차보다는 '세습 자본주의'가 고착화[2]함에 따라 자본을 가진 자와 그렇지 못한 자들 사이의 격차가 벌어지는 상황을 더 우려하고 있다.

라 그러면 어떻게 모든 국민들에게 기본 자본을 나눠 줄 수 있을까. 국가가 많은 기업들의 지분을 확보해 이 지분을 한데 섞은 거대한 기금 풀(pool)을 만들어 일정한 연령에 도달한 사람들에게 이 기금 풀의 지분을 나눠 주는 방법을 생각해 볼 수 있다. 이때 이 기금 풀을 국가 공유 자본이라고 부를 수 있을 것이다. 정부가 국가 공유 자본에 축적할 기업들의 지분을 확보하는 방법은 다양할 수 있다.

마 이런 식으로 국가 공유 자본 풀을 조성하고, 국민들에게 나눠 주면 기술 발전에 따른 생산성 혁명의 혜택을 소수의 자본가나 창의적 사업가들뿐만 아니라 국민 전체로 확대할 수 있다. 자본 소득의 불평등도 일정하게 해소할 수 있다. 국민 개개인은 자신이 할당[3]받은 기본 자본에 해당하는 배당금을 매년 국가로부터 받을 수 있다. 배당금을 재투자해 필요할 경우 자신의 자본을 더 늘려갈 수도 있다. 또한 중병 치료나 결혼 준비, 자녀 학자금 지급 등의 사유가 있을 때 일정한 절차와 조건에 따라 기본 자본을 매도해 요긴하게 쓸 수도 있다. 현재로서는 너무 이상적인 제안처럼 들릴지 모른다. 하지만

어휘와 한자

[1] 展望
펼 전, 바랄 망

[2] 固着化
굳을 고, 붙을 착, 될 화

[3] 割當
나눌 할, 마땅할 당

머지않은 미래에 기술 변화에 따른 충격들이 현실화될 때 우리는 이런 제안들을 훨씬 더 진지하게 생각해야 할 것이다. 그러나 그런 때부터 준비를 하면 국가 공유 자본을 형성하고 기본 자본을 지급하기까지 많은 세월이 걸릴 것이다. 먼 미래를 내다보고 지금부터 국가 공유 자본을 축적해 기본 자본 지급 제도를 실시할 토대를 다져 가자.

01 이 글의 내용과 일치하지 않는 것은?
① 기술 발전으로 인한 생산성 혁명은 부의 불평등을 가속화한다.
② 국가에게 지급받은 기본 자본은 개인의 필요에 따라 매수·매매할 수 있다.
③ 현재 일부 극소수 부유층이 세계 전체 자본의 1/5가량을 차지하는 것으로 추정된다.
④ 점차 심각해질 불평등 문제를 해소하기 위해서는 기본 소득이 아니라 기본 자본을 국민에게 분배해야 한다.

02 이 글을 참고할 때, ㉠의 이유로 가장 적절한 것은?
① 시간이 흐르면 극소수 최상위 부유층들이 더 많아지기 때문이다.
② 시간이 흐르면 최상위 부유층들이 얻는 기본 소득이 증가하기 때문이다.
③ 시간이 흐르면 기술 발전에 따른 이득이 일부 사람들에게 집중되기 때문이다.
④ 시간이 흐르면 국가가 공유 자본을 형성하여 국민에게 기본 자본을 지급하기 때문이다.

03 〈보기〉의 (A), (B)가 들어갈 위치로 가장 적절한 것은?

— 보기 —
(A) 연봉이 똑같은 두 사람이 있어도, 부모에게 물려받은 재산이 10억 원인 사람 ㄱ과 0원인 사람 ㄴ의 실제 생활 수준과 종합 소득은 다를 수 있다. ㄴ은 근로 소득만이 유일한 소득원이다. 하지만 ㄱ은 10억 원짜리 주택을 임대해 임대 수익을 올릴 수 있다. 더 나아가 임대 수익을 바탕으로 추가로 투자 수익을 올릴 수도 있다. 그러면 같은 연봉을 받는 두 사람의 소득 수준은 갈수록 벌어질 수밖에 없다.
(B) 정부가 스타트업을 육성할 때 지원하는 자금에 상응하는 지분을 확보하는 방법이 있을 수 있다. 초기 스타트업들 가운데 상당수가 살아남아 큰 기업으로 성장한다면 초기의 작은 지분도 미래에는 매우 큰 가치를 가질 수 있다. 이뿐만 아니라 기존 기업들에 지원하는 각종 연구·개발 자금을 집행할 때도 기술 상업화 시에 정부나 지자체가 로열티를 챙기는 선에서 그치지 말고 일정한 지분을 확보하도록 하면 된다.

	(A)	(B)		(A)	(B)
①	나의 뒤	가의 뒤	②	나의 뒤	라의 뒤
③	다의 뒤	라의 뒤	④	다의 뒤	마의 뒤

04 이 글을 읽고, 중심 내용을 요약하시오.

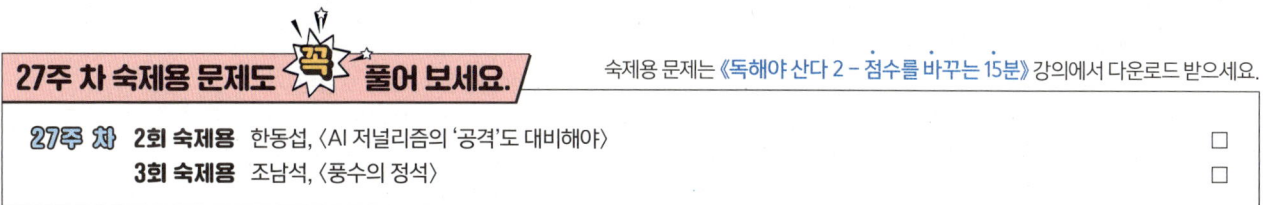

예술이 가진 치유의 기능을 강조한 글입니다. 숙제용도 예술 분야의 글을 준비했으니 함께 읽어 보고, 여러분도 예술적 치유를 경험해 보세요.

28주 차

01~04 다음 글을 읽고 물음에 답하시오.

현대 사회가 초래하는 인간의 소외나 갈등 또는 어려움을 미술 작품에 담아내어 관객이 그러한 문제를 좀 더 의식적으로 돌아보게 하고, 이를 통해 예술이 사회의 아픔을 치유(治癒)하는 역할을 해야 한다는 주장이 있다. 미술관에 가면 정치적이거나 사회적인 고뇌의 광경을 포착한 작품을 흔히 볼 수 있다. 특히 비엔날레 같은 대규모 현대 미술 행사에는 사회가 잉태한 상처와 실패를 드러내면서 해결과 치유를 외치는 작품이 빠져서는 안 되는 VIP처럼 등장한다. 이러한 예술론은 예술가가 사회적 상흔이나 액(厄)을 어루만지는 '무당'과 같은 존재라고 칭하면서 예술가의 사회적 역할을 강조한다.

(㉠) 대다수의 미술가들은 예술이 갖는 치유적 효과에 대해서 전혀 다르게 느낀다. 작품에 필요한 적절한 재료를 고르는 데 고민하고, 재료를 갖고 여러 차례 모험적으로 실험을 해 보며 시간과 돈과 노력을 들인다. 많은 경우 본인이 직접 잡다한 노동까지 다 해야 하는 괴로움도 있다. 뭔가 될 듯하면서도 만족스러운 결과가 나오지 않을 때, '과연 내가 맞게 가고 있는 것일까?' 하는 싸늘한 불안감과 싸워야 한다. 이런 순간들이 반복해서 쌓이다가 어느 순간 자신만의 독특한 작품이 신기하게 모습을 드러낼 때, 예술가들은 자연스러운 '자기 치유'를 경험한다. 이 경험은 사회의 위로나 인정과 관계없이 내부에서 스스로 느끼는 성취감이 혈관을 통해 흘려보내는 '나에 대한 나의 사랑 고백이자 칭찬'이다.

어떤 연유로 예술 작품은 이러한 '자기 치유적' 효과를 불러일으키는 것일까. 김환기 화백은 "예술의 묘미는 이론을 초월하는 데 있다."라고 하였고, 마티스는 "회화의 비밀은 이론과 실행, 생각과 직감, 이 양자를 화해시키는 것"이라고 하였다. 예술 작품은 머릿속의 생각과 완전히 통제하지 못하는 유동적인 현실의 여건이 만나, 서로의 차이를 달래고 진정시켜, 둘 간의 어떤 멋있는 화합을 만들어 놓는 것이다. 이런 화합을 이뤄 내는 것이 결코 쉽지는 않다. 마음속에 그리는 어떤 느낌, 이미지, 분위기는 오직 개념으로만 강렬[1]하고 찬란할 뿐이다. 그것을 실재화하려면 꾸준한 노력과 타고난 재능, 또한 행운의 축복이 있어야 한다. 따라서 그러한 화합이 작품으로 구현되면 예술가는 당연히 말로 표현할 수 없는 충만함과 쾌감을 느낀다.

미술 애호가의 경우는 어떠한가. 우리가 미술관이나 화랑에 가서 작품을 감상하는 것은 그 자체가 일상적인 삶과 구별되는 경험이다. 예술 작품 앞에서 서성거리며 작품 안에 응축[2]된 색과 형태와 분위기를 쳐다보면서 최근의 패션 유행 정보나 유명 인사의 스캔들에 습관적으로 다가갔던 감각을 잠시 다른 방향으로 조율한다. 작품에 대한 호기심이나 공감을 통해 평상의 삶에 길들여져 있던 감각과 정서로부터 잠시 거리감을 갖는다. 해결해야 하는 여러 가지 문제들, 고민하고 있는 심각한 문제의 뜨거운 현장 안에서 너무 타들어 가지 않도록 한다. 바로 이러한 일탈이 우리의 정신적 건강에 물을 주고, 돌아가서 다시 마주해야 할 삶을 사는 맑은 힘을 우리에게 채워 준다.

창작에 임하는 대부분의 예술가들과 미술관을 즐겨 찾는 많은 관객은 예술이 주는 이러한 보람된 기쁨과 섬세한 보호막 같은 힘에 매료된다고 필자는 생각한다. 예술이 주는 치유의 힘은 정치적이고 경제적인 변화나 혜택이 불러오는 효과와 비교하면 훨씬 조용하고 개인적이며 소박[3]하다. 이를 과장한다면

어휘와 한자

1 強{强}烈
강할 강, 세찰 렬(열)

2 凝縮
엉길 응, 오그라들 축

3 素朴
흴 소, 순박할 박

그것은 예술의 유아독존론이다. 그러나 그 상대적인 소박함에서 삶의 힘을 찾게 해 주는 것, 바로 이 역설이 예술의 정수[4]이다.

> [4] 精髓
> 찧을 정, 골수 수

01 이 글의 내용과 일치하면 O, 일치하지 않으면 ×에 표시하시오.
(1) 예술가들이 창작 과정에서 얻은 '자기 치유'의 경험은 사회적인 인정과는 상관없이 자기애적(自己愛的)이고 자찬적(自讚的)인 성격을 띤다. O | ×
(2) 예술가가 마음속에 구상하는 느낌이나 이미지가 실재화되려면 타고난 재능이나 행운이 개입하지 않는 꾸준한 노력만이 필요하다. O | ×
(3) 미술 애호가들에게 작품 감상은 일상의 심각한 문제들에 보다 치열하게 고민할 수 있도록 하는 기능을 한다. O | ×

02 문맥상 ㉠에 들어갈 말로 가장 적절한 것은?
① 즉   ② 그러나   ③ 더구나   ④ 어차피

03 이 글의 제목으로 가장 적절한 것은?
① 일상의 스트레스를 해소시켜 주는 예술의 중요성
② 예술이 개인의 정신적 건강에 미치는 긍정적 효과
③ 예술 작품을 매개로 소통하는 미술가와 미술 애호가
④ 사회적 아픔을 치유하기 위해 예술 작품이 갖춰야 하는 조건

04 이 글을 읽고, 중심 내용을 요약하시오.

숙제용 문제는 《독해야 산다 2 – 점수를 바꾸는 15분》 강의에서 다운로드 받으세요.

| 28주 차 | 2회 숙제용 | 이건용, 〈끝맺음〉 | ☐ |
| | 3회 숙제용 | 김창호, 《내가 아는 것이 진리인가》 | ☐ |

열심히 하고 계시죠? 이 글에서는 사회 현상과 관련된 문제를 제기하고 분석한 뒤 대안을 제시하고 있어요. 글을 꼼꼼히 읽지 않으면 문제를 틀릴 수 있는 함정이 있으니 주의하세요!

29주 차

정답과 해설 112쪽

01~04 다음 글을 읽고 물음에 답하시오.

　최근 한 조사에 의하면 대상자 83% 이상이 우리나라가 공정[1]하지 않다고 답하였다. 또한 공정한 노력을 통해 타고난 사회 경제적 계층을 넘어설 가능성에 대해서는 10% 이하라고 답한 사람들이 가장 많았다. (ⓐ) 한국 사회에서 성공을 위한 요소별 중요성을 묻는 질문에는 '부모의 재력'이 88.4%로 가장 높았으며 이어 '부모의 직업이나 사회적 신분'이 본인의 학력이나 의지와 노력보다 더 중요하다고 인식하고 있었다. '수저 계급론'과 '헬조선' 등의 단어는 이런 사회적 현상을 반영하고 있다. 우리 사회에서 불평등에 대한 지각은 곳곳에서 만연[2]한 것 같다.

　구성원 간의 믿음은 그 사회 체제가 유지되는 데 가장 중요하다. 믿음은 사회의 암묵적 계약으로, 구성원 간의 사회적 교환과 상호 작용의 기반이 된다. 그런데 소득의 불균형은 사회 전반적인 믿음을 감소시킨다. 불균형이 심해지면 사람들은 사회 체계가 불공평하다고 생각한다. 높은 지위에 있는 사람들이 공정하지 않은 방법으로 부유해진 것이라고 판단한다. 소득의 불균형으로 사회의 양극화가 심한 사회일수록 ㉠낮은 계층의 사람들은 자신들이 '낮은 계층'이라고 강하게 인식했다.

　더욱이 24개 유럽 국가들을 대상으로 한 조사에서는 소득 불평등이 심한 나라일수록 낮은 계층의 사람들이 사회에 참여하는 정도가 낮았다. 충분한 생활 자원과 능력이 있음에도 사회 참여를 거부했다. 불평등하다는 인식이 사회 참여를 방해하게 한다. 특히 이들은 자신과 다른 계층 사람들을 믿지 못했고, 이로 인해 시민적 유대감이 낮았다. 이렇게 소득 불평등의 가장 큰 문제는 사회 전반적인 신뢰를 낮춘다는 데에 있다. 그래서 다른 계층 사람들의 좋은 의도조차 못 믿게 되고 나와 다른 편으로 생각해 다 부정적으로 바라보게 한다. 바로 이러한 불평등이 사회 양극화로 작용해서 분열과 갈등을 끊임없이 일으키며 사회 발전을 가로막게 된다.

　이러한 현상은 ㉡소득이 높은 계층에도 나타난다. 소득이 높은 사람들 또한 상대 계층에 대한 이해가 부족하다. 차이점을 내면화하고 자신들이 태생부터 그들과 다르다고 생각한다. 미국 국민들을 대상으로 46년 동안 실시된 한 조사에 의하면 소득의 불평등은 소득이 높은 이들의 사회적 참여에도 악영향을 미쳤다. 소득이 높은 사람들일수록 도리어 기부를 더 적게 하였고, 다른 계층에 대한 배려가 낮았다. 무엇보다 다른 계층의 실상에 대한 이해가 너무나 낮았다. 소득이 높게 되면 더 좋은 주거 지역에서 살게 되고, 주변 사람들도 자신과 비슷한 수준의 사람들을 만나기 쉽다. 주변의 비슷한 정도 사람들이 기준이 되어 소득이 낮은 사람들이 실제보다 더 적다고 생각하게 된다. (ⓑ) 개인의 부가 증가할수록 사회의 평균 소득이 더 높다고 인지[3]하게 되는 것이다. 부유층 사람들은 사회가 전반적으로 부유하다고 생각하는데 과한 세금을 매기게 되면 이에 반발하게 된다.

　결과적으로 부유한 사람들과 가난한 사람들은 서로 다른 경험과 삶을 가지게 된다. 서로 다른 세상에서 살고 있는 것이다. 갈등이 심해지리라는 예상은 어찌 보면 너무나 당연하다. 사회 전반에 대한 신뢰감이 감소되고 이로 인해 사회 전반에 불만과 분노가 쌓여 갈 수밖에 없다. 소득에 대한 불평등이 결국 인생 전반적인 불평등에 대한 분노를 형성해 간다. (ⓒ) 아주 작은 이슈에도 민감하게 대치하게 되

어휘와 한자

[1] 公正
공변될 공, 바를 정

[2] 蔓延/蔓衍
덩굴 만, 끌 연 /
덩굴 만, 넘칠 연

[3] 認知
알 인, 알 지

고 융합이 어려울 수 있다. 소득 불평등을 완화할 수 있는 정책이 시급하다. 일자리 창출에 대한 부담이나 과도하다고 느끼게 하는 세금 징수책 등에 반발도 예상된다. 그러나 대책을 마련하는 과정이 투명하다면 사람들은 결과를 쉽게 받아들일 수 있다. 우리 사회가 평등한 사회로 나아가는 결과를 얻기 위해서는 그 결과도 중요하지만 과정적인 측면도 반드시 고려해야 할 것이다.

01 이 글의 내용과 일치하면 O, 일치하지 않으면 X에 표시하시오.
(1) '수저 계급론, 헬조선'이라는 단어에는 본인의 의지나 노력을 과도하게 요구하는 사회에 대한 불만이 담겨 있다. O | X
(2) 미국의 부유층은 기부를 많이 하는 편이지만 다른 계층의 실상에 대해서는 제대로 이해하지 못하고 있다. O | X
(3) 소득 불평등은 사람들로 하여금 인생 자체가 불평등하다는 분노를 형성하게 함으로써 사회 분열과 갈등을 쉽게 조장한다. O | X

02 ㉠, ㉡에 대한 설명으로 적절하지 않은 것은?
① ㉠은 소득 불평등이 심해지면 ㉡의 모든 행위를 부정적으로 평가한다.
② ㉡은 ㉠과 태생부터 다르다고 믿고 과도한 세금 부과 정책에 반발한다.
③ ㉠과 ㉡은 모두 소득 불평등이 심화될수록 사회에 참여하는 정도가 낮다.
④ ㉠과 ㉡은 모두 사회적 양극화가 심해질수록 사회가 불평등하다고 인식한다.

03 문맥상 ⓐ~ⓒ에 들어갈 알맞은 말을 차례로 제시한 것은?
① 그리고 – 그런데 – 그러나
② 또한 – 즉 – 그래서
③ 그러나 – 그리고 – 따라서
④ 그래서 – 다시 말해 – 그리고

04 이 글을 읽고, 중심 내용을 요약하시오.

숙제용 문제는 《독해야 산다 2 - 점수를 바꾸는 15분》 강의에서 다운로드 받으세요.

29주 차		
	2회 숙제용	〈냉전의 기원에 대한 논의〉 ☐
	3회 숙제용	권필석, 〈이제는 태양광 모듈도 재활용 시대〉 ☐

이 글에는 회화 양식을 변화시킨 대상들이 나열되어 있어요. 회화 양식이 무엇 때문에, 어떻게 변화되었는지에 초점을 맞춰 글을 읽어 보세요. '외부 세계를 재현하려 했던 전통적 회화'라는 소재는 33주 차 글에도 등장합니다.

30주 차

01~04 다음 글을 읽고 물음에 답하시오.

　전통적으로 회화는 외부 세계의 대상을 모방하고 재현하는 것을 목표로 삼았다. 그런데 19세기에 사진이라는 새로운 매체가 등장하면서 회화는 커다란 위기를 맞게 된다. 사진이 외부 세계의 대상을 모방하고 재현하는 역할을 회화보다 훨씬 쉽고 빠르게 수행하였기 때문이다. 화가들은 이러한 위기를 어떻게 극복했을까? 화가들은 사진이 표현할 수 없는 내용을 표현함으로써 이 위기를 극복하였다. 예를 들어 인상파 화가들은 당시 흑백 사진이 표현할 수 없는 것들, 곧 빛의 밝기나 각도, 대기의 흐름에 따라 달라지는 사물의 색채와 시각적 인상 등을 표현하면서 회화의 새로운 영역을 개척[1]했다. 결과적으로 사진의 등장이라는 위기 상황이 오히려 회화의 내용을 더욱 풍부하게 만들어 주었던 것이다.

　20세기 초반에 등장한 큐비즘도 영화라는 새로운 매체의 등장과 연관 지어 생각할 수 있다. 큐비즘은 이전의 회화 양식이 중시한 원근법적 시각 대신에 동시적 시각을 택했다. 큐비즘 화가들은, 고정된 하나의 시점에서 대상을 바라보면서 가까이 있는 것은 크게 그리고 멀리 있는 것은 작게 그리는 원근 화법 대신에, 다양한 각도에서 바라본 대상의 여러 측면을 한 화면에서 동시에 보여 주는 방법을 택하였던 것이다. 이것은 다양한 위치와 각도에서 촬영한 장면들을 편집하여 하나의 이야기를 만들어 내는 영화의 원리와 유사하다. 이런 점에서 볼 때, 영화라는 새로운 매체의 등장이 큐비즘이라는 새로운 유파 형성에 영향을 미친 것으로 해석할 수 있다.

　텔레비전이라는 새로운 매체의 등장과 광범위한 보급[2] 역시 회화에 영향을 미쳤다. 텔레비전이라는 매체가 등장하여 대중들에게 큰 영향을 미치게 되면서, 텔레비전을 통해 쏟아져 나오는 통속적이고 상업적인 만화 이미지나 상품 광고 이미지에 대한 예술가들의 인식이 달라졌다. 그 결과 저급한 것으로 여겨 다루지 않았던 이러한 이미지들을 적극적으로 차용[3]한 회화가 나타나기 시작하였다. (㉠) 위대한 예술 작품들을 디즈니 만화의 이미지처럼 패러디한 리히텐슈타인의 작품이나, 당시의 대표적인 소비 상품이었던 통조림의 상표를 그대로 활용한 앤디 워홀의 작품과 같은 팝아트가 이에 해당한다.

　물론 회화 양식에 변화가 일어난 것이 새롭게 등장한 매체 때문이라고 단정적[4]으로 말하는 것에는 무리가 있다. 미술 내적인 문제와 그 당시 지배적인 미학 이론 등이 회화 양식의 변화에 복합적으로 영향을 주었다는 사실을 부정할 수 없기 때문이다. 팝아트에 대한 반발로 순수한 시각적 움직임의 가능성을 추구한 옵아트라는 분야가 탄생하게 되었다는 사실과, 기존의 전통을 거부하고 이성적이고 합리적인 방법 대신에 우연의 효과를 택한 다다이즘이 철학자 니체의 사상에 영향을 받아 주창되었다는 사실 등은 이를 뒷받침해 준다. (㉡) 앞에서 살펴본 회화 양식의 구체적인 변화 양상으로 미루어 볼 때, 매체가 회화의 내용이나 형식에 변화를 가져온 요인 중의 하나라는 사실 또한 부정할 수 없다.

어휘와 한자

[1] 開拓
열 개, 헤칠 척

[2] 普及
널리 보, 미칠 급

[3] 借用
빌릴 차, 쓸 용

[4] 斷定的
끊을 단, 정할 정, 과녁 적

01 이 글의 내용과 일치하면 O, 일치하지 않으면 ×에 표시하시오.

(1) 사진은 회화에 담을 수 있는 내용을, 텔레비전은 예술가가 다룰 수 있는 이미지를 확장시켰다.   O | X

(2) 큐비즘은 고정된 하나의 시점에서 바라본 대상의 여러 측면을 한 화면에서 동시에 보여 주는 방식으로 대상을 재현한다.   O | X

(3) 옵아트, 다다이즘은 새롭게 등장한 매체에 반발하여 나타난 회화 양식이다.   O | X

02 ㉠, ㉡에 들어갈 알맞은 말을 차례로 제시한 것은?

① 예컨대 – 하지만
② 그래서 – 그러나
③ 요컨대 – 그래서
④ 가령 – 따라서

03 이 글의 논지 전개 방식으로 적절하지 않은 것은?

① 구체적인 사례를 제시하여 독자의 이해를 돕고 있다.
② 대상의 변화 과정을 인과 관계를 통해 설명하고 있다.
③ 비교, 대조 등의 설명 방법을 통해 논지를 전개하고 있다.
④ 관점이 다른 두 견해를 소개하고 하나의 견해만 인정하고 있다.

04 이 글을 읽고, 중심 내용을 요약하시오.

30주 차 숙제용 문제도 꼭 풀어 보세요.   숙제용 문제는 《독해야 산다 2 - 점수를 바꾸는 15분》 강의에서 다운로드 받으세요.

30주 차   **2회 숙제용**   김홍표, 〈잎 없이 꽃을 피운다는 건〉   ☐
         3회 숙제용   최연구, 〈질문하는 사람, 질문하는 문화〉   ☐

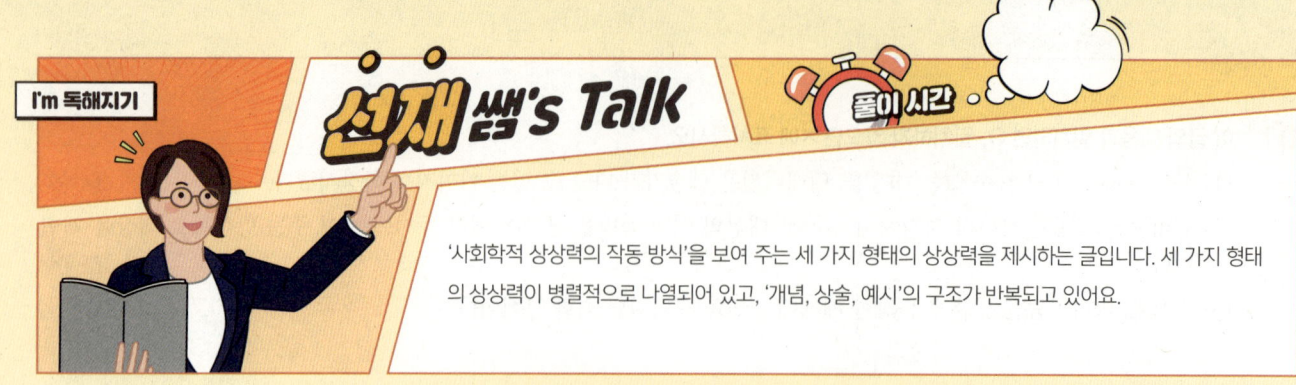

31주 차

01~04 다음 글을 읽고 물음에 답하시오.

　한 사회 속의 개인들의 행위는 자신들에게는 일상적인 행위이지만 사회적으로는 단순히 일상적인 것만은 아니다. 이들의 행위는 일상 속에서만 생각하기 어렵거나 무관심하게 지나치는 역사적·사회 구조적 상황 변화의 산물들이다. 이러한 변화는 특정한 제도나 규칙을 내포하는 사회적 관계(또는 사회 구조) 속에서 일어나는데, 이러한 사회적 관계 및 조건의 변화는 때로는 직접적으로, 때로는 간접적으로 늘 우리의 일상생활에 영향을 미친다. (㉠) 사회가 어떻게 돌아가는지를 이해하려면 개개인들의 삶의 모습에 영향을 미치는 사회·역사적 과정에 대한 관계적·종합적[1] 사고가 필요하다. 이것이 바로 밀즈가 말하는 '사회학적 상상력'이다. 영국의 사회학자 기든스는 이러한 사회학적 상상력의 작동 방식을 체계적으로 보여 주기 위해 '역사적', '인류학적', '비판적' 상상력이라는 세 가지 형태를 제시하였다.

　먼저 역사적 상상력은 현재 우리 사회의 모습이 과거의 역사적 유산 속에서 형성되었다는 점을 인식하면서 현재의 생활 양식이 과거의 생활 양식과 어떻게 다르며 어떠한 방식으로 변화해 왔는지를 파악할 수 있도록 해 준다. 과거에는 사람들의 신분이 미리 정해지고 이에 따라 서로 차별화된 생활을 해야 했는데, 오늘날에는 신분에 따른 차별이 없어진 대신 계층적 불평등이 심화되고 있다. 이러한 역사적인 비교는 현재 사회의 모습이 어디에 뿌리를 두고 있으며 어떤 방향으로 변화해 갈 것인지를 전망하는 데 도움을 준다. 예를 들어, 기술 진보와 산업화의 진전은 점점 더 나은 상품들을 만들어 내면서 점점 더 심하게 환경을 오염시킬 것이다.

　인류학적 상상력은 각 나라들마다 얼마나 다양한 역사적 유산이 있으며, 이러한 유산의 다양성이 얼마나 다양한 사회의 모습을 낳고 있는지를 파악할 수 있게 해 준다. 개인들은 자신의 특수[2]한 삶의 조건과 경험 속에서 형성된 가치·규범·정서·감정 등을 사회의 일반화된 기준으로 생각하는 경향이 있다. 이러한 경향은 각 나라들의 사회 형태나 문화를 비교할 때도 마찬가지로 나타나는데, 이러한 자기 나라의 문화를 보편적 기준으로 여기는 사고를 '자민족 중심주의'라고 한다. (㉡) 이러한 사고는 자기 나라의 사회 문화적 특수성에 대한 이해는 물론, 앞으로 이뤄 가야 할 바람직한 사회상에 대한 전망도 어렵게 한다. 오히려 다양한 사회와 문화를 서로 비교하고 그 속에서 자기 나라의 사회 문화적 특수성을 이해하는 것이 바람직한 사회상을 정립하는 데 도움을 준다. 예를 들어 각 나라의 가치관이나 규범을 비교해 보면, 나이에 의한 위계를 강조해 온 한국 사회의 전통적인 유교 문화가 어떻게 일상생활의 민주화를 가로막고 있는지를 알 수 있다.

　역사적 상상력과 인류학적 상상력은 현재의 우리 사회의 모습이 결코 고정불변하거나 보편적인 것이 아니라는 점을 인식할 수 있도록 해 준다. 이러한 상상력에 기초하여 우리는 시공간적으로 훨씬 열린 사고를 할 수 있을 것이다. 그런데 이런 열린 사고는 일정한 가치 판단을 함축[3]한다. 말하자면 역사적·인류학적 상상력으로부터 현재 사회의 모습이 바람직한 것인지, 바람직하지 않다면 어떠한 방향으로 변화되어야 하는지에 대한 판단이 생겨난다는 것이다. 이러한 판단은 사회를 바라보는 기존의 눈을 바꾸면서 기존의 사회 형태를 비판하고 대안적인 미래를 제시한다는 의미에서 비판적 상상력을 필요로 한다. 이것은 지금까지 당연시되고 정당화되었던 모든 질서와 가치, 규범을 상대화하고 의문시하는 과정을 포함한다.

어휘와 한자

[1] 綜合的
바디 종, 합할 합, 과녁 적

[2] 特殊
특별할 특, 죽일 수

[3] 含蓄
머금을 함, 쌓을 축

01 이 글을 읽고 답을 찾을 수 있는 질문은?
① 역사적 유산의 특수성과 보편성을 어떻게 구분하는가?
② 사회적 관계가 개인의 행위에 미치는 영향은 무엇인가?
③ 역사적·인류학적·비판적 상상력을 어떻게 연결하여 이해할 것인가?
④ 밀즈와 기든스가 설명하는 '사회학적 상상력'은 어떤 차이가 있는가?

02 ㉠, ㉡에 들어갈 말로 가장 적절한 것은?

	㉠	㉡		㉠	㉡
①	따라서	즉	②	그래서	그런데
③	그리고	이를테면	④	그러나	하지만

03 이 글을 읽은 독자의 반응으로 적절하지 않은 것은?
① 한국 유교 문화의 과거와 현재의 모습을 비교하는 것은 역사적 상상력과 관련이 있군.
② 한국의 결혼 문화를 이해하기 위해 유럽의 결혼 문화를 살펴보는 것은 인류학적 상상력과 관련이 있군.
③ 선진국인 미국의 문화를 우리나라의 문화보다 낫다고 평가하고 추종하는 것은 자민족 중심주의와 관련이 있군.
④ 우리 사회의 '빨리빨리 문화'가 가진 문제점을 파악하고 해결책을 찾아보는 것은 비판적 상상력과 관련이 있군.

04 이 글을 읽고, 중심 내용을 요약하시오.

31주 차 숙제용 문제도 꼭 풀어 보세요. 숙제용 문제는 《독해야 산다 2 - 점수를 바꾸는 15분》 강의에서 다운로드 받으세요.

31주 차 **2회 숙제용** 김해성, 〈풍속과 현실을 보는 눈〉 ☐
3회 숙제용 이태형, 〈버킷 리스트, 오로라 여행〉 ☐

시국을 고려해 '바이러스'를 다루는 글을 선정했어요. '바이러스 진화 시나리오'의 변화 전후를 중심으로 글을 읽어 봅시다. 거의 다 왔어요. 마지막까지 집중력을 잃지 말 것!

32주 차

정답과 해설 115쪽

01~03 다음 글을 읽고 물음에 답하시오.

　　2003년 《사이언스》에 실린 한 논문은 당시로는 정말 깜짝 놀랄 발견을 보고했다. 길이가 0.7마이크로미터, 게놈 크기가 118만 염기, 유전자 1,000여 개로 이뤄진 거대한 바이러스를 발견했다는 것. 박테리아[mimic]를 모방했다고 해서 '미미바이러스(mimivirus)'로 명명[1]된 이 거대 바이러스의 존재가 드러나자 바이러스학계가 발칵 뒤집혔다. [중략]
　　사실 바이러스학은 역사가 그리 오래되지 않은 학문이다. 1935년 전자 현미경으로 바이러스의 존재(담배 모자이크 바이러스)를 처음 확인했을 때를 바이러스학이 탄생한 순간이라고 볼 수 있다. 바이러스는 너무 작아 17세기 발명된 광학 현미경으로는 보이지 않았다. 바이러스는 증식하고 변이를 일으키므로 생명체라고 볼 수 있지만, 세포가 아니라 입자(핵산과 단백질을 분리해 따로 수십 년을 보관한 뒤 합치면 다시 바이러스 활성을 띤다.)이고 혼자서는 아무것도 할 수 없다는 면에서 무생물에 가깝다. 한마디로 생물과 무생물의 경계선에 있는 이상한 존재다. 유전자 10여 개로 이뤄진 핵산과 캡시드 단백질 복합체인 전형적인 바이러스는 세포로 이뤄진 '진짜' 생명체보다는 훨씬 단순하지만, 지구상에는 이들 세포 생명체보다 뒤에 나타났다고 추정됐다.
　　따라서 사람들은 초기에 어떤 '사고'가 생겨 유전자 하나 정도 크기의 작은 게놈 조각이 떨어져 나갔는데 이게 우연히 세포에 감염해 자기 복제를 하고 증식하는 새로운 생명체가 됐다고 추측했다. 그 뒤 바이러스가 진화하면서 좀 더 크고 복잡한 여러 바이러스가 나오게 됐다는 것이다. 그러나 미미바이러스는 이런 가정으로는 설명할 수 없는 존재다. 즉 이 정도 크기의 바이러스가 나오려면 바이러스가 숙주 생명체로부터 유전자를 계속 빼앗아 오면서 진화했어야 하는데 놀랍게도 미미바이러스 유전자를 분석하자 대부분 기존의 어떤 생물체에도 존재하지 않는 염기 서열을 갖고 있었다.
　　따라서 연구자들은 바이러스 진화 시나리오를 거꾸로 바꿨다. 즉 애초에 자기 증식력이 있는 꽤 복잡한 어떤 생명체가 있었는데 이게 퇴화하면서 다른 유형의 생명체(오늘날 박테리아와 진핵생물)에 기생[2]하는 바이러스가 되었다는 것이다. 새로운 시나리오에 따르면 미미바이러스가 원시적인 형태[3]이고 인플루엔자 바이러스가 많이 진화한 형태인 셈이다. 이런 논리에서 연구자들은 미미바이러스보다 더 큰, 따라서 더 큰 원시적인 바이러스를 찾았고 그 결과 10년 만에 칠레 연안의 토양 시료에서 판도라바이러스를 발견한 것이다. 실제 판도라바이러스 유전자 역시 93%가 기존의 유전자 데이터베이스에는 알려지지 않은 유형인 것으로 확인됐다. 연구자들은 앞으로도 거대 바이러스 사냥을 계속할 예정인데 그러다가 어느 날 독자 생존력을 갖는 거대 바이러스의 조상(당연히 박테리아나 진핵생물이 아닌)을 발견한다면 이는 정말 21세기 생명 과학의 최대 사건이 될 것이다.
　　흥미로운 사실은 1998년 출간된 한 논문에서 아메바 세포 속에 기생하고 있는 판도라바이러스에 대해 이미 언급하고 있다는 점이다. 그러나 당시 저자들은 이를 바이러스라고 기술하지는 않았다. 교과서에서 배운 바이러스에 대한 지식이 분명 박테리아는 아닌 것 같은 기생 생물체를 눈앞에 두고도 이를 바이러스일 거라고 추측할 수 있는 '사고의 유연성'을 허락하지 않았던 것이다. '천재란 일상 속에서 남들

어휘와 한자

[1] 命名
목숨 명, 이름 명

[2] 寄生
부칠 기, 날 생

[3] 形態
형상 형, 모양 태

이 보지 못한 것을 보는 사람들'이라는 정의에 따르면, 미미바이러스와 판도라바이러스를 발견한 과학자들은 진정 천재라고 할 수 있지 않을까.

01 이 글에서 사용한 글쓰기 전략으로 볼 수 없는 것은?
① 의문형 문장을 사용하여 글쓴이의 견해를 드러내고 있다.
② 과학적 견해가 변화하는 과정을 인과적으로 서술하고 있다.
③ 서로 대립된 견해를 절충하여 새로운 주장을 제시하고 있다.
④ 대상이 가지고 있는 대조적 특성을 밝혀 독자의 이해를 돕고 있다.

02 이 글의 내용과 부합하지 않는 것은?
① 바이러스 입자를 오랜 시간 동안 분리한 뒤 합치면 바이러스는 다시 활동할 수 있다.
② 판도라바이러스는 최초 발견부터 지금까지 과학자들에게 바이러스로 인정받을 수 있었다.
③ 미미바이러스와 판도라바이러스에는 기존 생물체가 가지고 있지 않은 염기 서열이 포함되어 있다.
④ 새로운 바이러스 진화 시나리오에 따르면, 판도라 바이러스는 미미바이러스보다 먼저 존재했을 것이다.

03 이 글을 읽고, 중심 내용을 요약하시오.

예술과 언어가 결합된 복합적인 글이에요. 피카소의 콜라주와 구조주의 언어학의 특성과 둘 사이의 공통점 등을 찾아보세요. 《독해야 산다 2》는 마무리됐지만 독해 훈련은 계속됩니다. 여러분의 합격을 기원합니다!

33주 차

정답과 해설 116쪽

01~04 다음 글을 읽고 물음에 답하시오.

　입체주의에서 창안[1]된 콜라주라는 기법은 관습상 그림의 재료라고 여겨지지 않는 물질, 따라서 이물질을 그림에 뒤섞는 것을 말한다. 벽지나 신문지 같은 종이를 이용한 파피에 콜레의 형식으로 1912년에 등장했는데, 브라크가 먼저 도입했고, 피카소도 뒤이어 채택했다. 파피에 콜레는 시각적 차원에서 중요한 효과를 일으켰다. 시각적 효과는 형상과 배경을 역전[2]시키는 효과다. 이는 위에 붙인 종이들이 아래에 있는 바탕 종이의 윤곽을 뚜렷하게 드러내기 때문인데, 이로 인해서 바탕의 종이는 배경의 위치에 있으면서도 맨 앞에 붙어 있는 것처럼 보이게 된다. 그러나 콜라주가 이 역전 효과에 하나 더 추가한 것이 있으니, 바로 '도상적인 것'의 파괴다.
　시각적 재현의 핵심은 지시 대상과의 닮음, 즉 형태적 유사성이다. 이 때문에 미술은 언제나 '도상적인' 기호라고 여겨졌다. (㉠) 피카소는 콜라주에서 지시 대상과 전혀 닮지 않은 형태를 채택함으로써 '닮음'에 기초를 두는 재현 체계와 결별한다. 1912년 작 〈바이올린〉을 보자. 한 장의 신문지를 두 조각으로 잘라내 바이올린을 그린 목탄 드로잉에 붙인 콜라주다. 두 신문지 조각의 형태는 마치 서로 맞물린 퍼즐 조각처럼 다르지만 비슷하다. 이 가운데 중앙 왼쪽에 붙은 신문 조각은 목탄 드로잉과 맞물려 바이올린의 표면을 구성(바이올린의 '형상')하고, 여기서 신문의 활자 행들은 악기 표면의 나뭇결처럼 보인다. 그런데 오른쪽 위에 붙은 신문 조각은 바이올린 드로잉의 윤곽선 바깥에 있어 바이올린 뒤의 공간을 구성('배경')하고, 여기서 신문의 활자 행들은 화가들이 대기의 반짝임과 흐름을 표현할 때 쓰는 툭툭 끊어진 색채 또는 빛바랜 색채 비슷한 효과를 낸다. 같은 신문지를 맞물리게 잘라 냈기 때문에 약간의 차이밖에 없는 형태인데도, 한 형태는 형상의 일부, 다른 형태는 배경의 일부라는 의미를 띠고 있는 것이다. 이것은 무슨 뜻인가? 피카소의 콜라주에서 이 두 요소의 의미는 형태의 차이가 결정하지 않는다는 뜻이다. (㉡) 두 형태는 대동소이[3]하기 때문에 형태만 바탕으로 해서는 하나가 바이올린 몸통이고, 다른 하나는 바이올린 뒤의 배경이라는 의미를 결정할 수 없다. 여기서 두 신문지 조각의 의미를 정하는 것은 관계의 차이다. 즉 두 신문지 조각이 위치(중심부-주변부) 및 드로잉(내부-외부 혹은 결합-이탈)과 맺고 있는 관계의 차이가 두 요소를 하나는 형상, 하나는 배경이라는 대조적인 의미로 결정하는 것이다.
　이렇게 관계의 차이를 바탕으로 의미 작용이 일어나는 전형적인 체계는 언어 기호다. 구조주의 언어학에서는 기호가 기표(기호의 표시, 물리적인 흔적)와 기의(기호의 의미, 관념적인 내용)의 이중 구조로 이루어져 있으며, 기호의 의미는 기표와 기의의 일대일 대응 관계로 결정된다고 본다. 이런 구조주의 언어학의 관점에서도, 기호의 형태는 중요하다. 기호의 물리적 형태에 존재하는 차별성, 즉 기표의 형태적 차이가 특정 기표와 특정 기의 사이의 대응 관계를 결정하는 바탕이 되기 때문이다. (㉢) 여기서 명심해야 할 것은 기호의 형태가 어디까지나 의미 작용의 '바탕일 뿐'이라는 점이다. 기호의 의미를 결정하는 것은 궁극적으로 기표-기의 대응 관계이고, 이 대응 관계는 문화적 약속 내지 관습으로 정해지

어휘와 한자

[1] 創案
비롯할 창, 책상 안

[2] 逆轉
거스를 역, 구를 전

[3] 大同小異
큰 대, 같을 동,
작을 소, 다를 이

는 자의적인 것이기 때문이다. 한마디로, 기호의 형태는 기호의 의미 작용을 일으키는 단서가 될 뿐, 의미를 결정할 힘을 가지고 있지 않다.

그렇다면 피카소의 콜라주는 바로 이런 언어 기호의 조건을 미술에 도입한 것임을 알 수 있다. 그의 콜라주에서는 형태가 도상으로 작용하지 않고 기호로 작용하기 때문이다. 〈바이올린〉에서 보듯이, 두 신문 조각은 둘 중 어느 것도 '바이올린' 혹은 '배경'과 도상적으로 유사한 형태가 아니다. 그럼에도 한 조각이 바이올린, 다른 조각은 배경을 의미할 수 있는 것은 두 형태가 기호로서 지닌 차이 때문이다.

01 이 글을 읽은 독자의 반응으로 적절하지 않은 것은?
① 구조주의 언어학에서는 기표와 기의의 대응 관계가 필연적이지 않다고 주장하겠군.
② 구조주의 언어학과 피카소는 기호의 형태가 의미를 결정하는 결정적 요소라 보겠군.
③ 〈바이올린〉에서 사용한 신문지 두 조각은 기호로 작용하여 미술의 재현 체계를 파괴하였군.
④ 구조주의 언어학 관점에 따르면 기호의 의미는 하나의 기표가 하나의 기의와 대응하여 결정되겠군.

02 밑줄 친 '〈바이올린〉'에 대한 설명으로 가장 적절한 것은?
① 피카소는 신문의 활자 행들과 바이올린 형태의 유사성을 고려했다.
② 두 신문지 조각이 겹쳐져 형상 – 배경의 시각적 역전 효과가 나타난다.
③ 목탄 드로잉이 없다면 두 신문지 조각은 대조적 의미를 형성할 수 없다.
④ 피카소는 한 조각의 신문지가 형상과 배경의 의미를 모두 갖도록 구성했다.

03 ㉠~㉢에 들어갈 말로 가장 적절한 것은?

	㉠	㉡	㉢		㉠	㉡	㉢
①	그런데	즉	그러나	②	하지만	그래도	그러므로
③	그러니까	그리고	그렇지만	④	그러나	다시 말해	그래서

04 이 글을 읽고, 중심 내용을 요약하시오.

33주 차 숙제용 문제도 꼭 풀어 보세요. 숙제용 문제는 《독해야 산다 2 – 점수를 바꾸는 15분》 강의에서 다운로드 받으세요.

33주 차 **2회 숙제용** 이대중, 《협동조합, 참 쉽다》 ☐
　　　　　3회 숙제용 김하수, 〈무제한 발언권〉 ☐

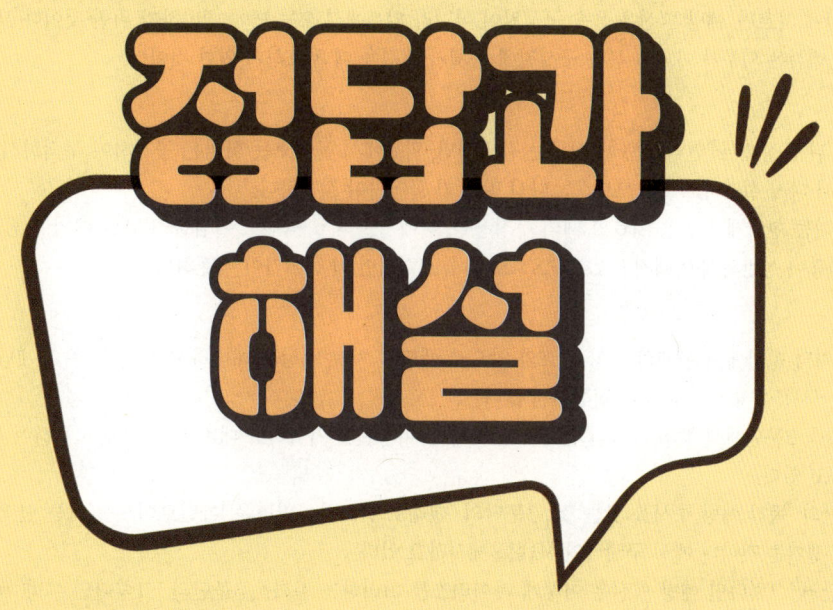

출전 〈백신이 여는 질병 치료 르네상스〉, 《과학동아》

01 정답 ④

해설 2~4문단에 따르면, 예방 백신은 너무 강한 병원균이 침입하여 인체를 공격할 경우를 대비하기 위해 인위적으로 약한 병원균을 맞아 면역력을 높이는 것이다. 반면 치료 백신은 문제가 생긴 몸속 구성원을 약화시키거나 제거하기 위해 몸속 고유 단백질과 유사하게 바이러스로 디자인해 백신을 맞는 것이다. 따라서 치료 백신은 이미 걸린 병에 대한 몸속 면역 반응을, 예방 백신은 앞으로 걸릴지도 모를 병에 대한 몸속 면역 반응을 유도하기 위한 것이다.

오답 풀이 ① 1문단에 따르면, 예방 백신과 항생제의 등장으로 인류의 수명은 급격히 늘어났다. 그러나 박테리아를 처리하는 것은 예방 백신이 아니라 항생제이다. 예방 백신은 바이러스와 같은 병원균을 처리한다.

② 2~3문단에 따르면, 면역계는 외부에서 들어오는 병원균은 인식하지만, 몸속 구성원(몸속 고유 단백질)에 문제가 생기면 이를 바이러스로 인식하지 못한다.

③ 2문단에 따르면, 예방 백신은 몸속 구성원이 아니라 외부에서 오는 병에 대비하기 위한 것이다. 또한 3~4문단에 따르면, 치료 백신은 외부가 아니라 몸속 구성원에 문제가 생겼을 때 치료하기 위한 것이다.

02 정답 ③

해설 ㉠ 뒤 문장에서 "면역계는 제 식구는 감싸지만, 외부에서 들어오는 항원은 공격하여 무력화시킨다"라는 앞의 내용을 풀어서 다시 설명하고 있으므로 '즉, 다시 말해'가 들어가야 적절하다.

㉡ 앞에서는 항암제로 암을 치료할 때의 부작용을, 뒤에서는 치료 백신으로 암을 치료할 때의 장점을 이야기하고 있다. 앞뒤 내용이 상반되게 이어지고 있으므로 '그러나, 그렇지만'이 들어가야 적절하다.

03 정답 ④

해설 마지막 문단에서 현재의 항암 치료와 앞으로 개발될 치료 백신을 대비하고 있지만, 주요 개념을 통시적으로 분석한 부분은 제시문에 없으므로 ④가 적절하지 않다.

오답 풀이 ① 2문단에서 핵심 개념인 인체의 면역계를 '이방인을 기억하고 대비'하는 것에 비유하여 이해를 쉽게 할 수 있도록 돕고 있다.

② 2문단의 '독감 예방 주사를 맞는 것', 3문단의 "실례로 알츠하이머병은 '아밀로이드-β'라는 단백질이 ~ 인식하지 못해 병이 생기는 것이다"에서 구체적인 사례를 제시하고 있다.

③ 1문단의 '그렇다면 예방 백신은 어떻게 바이러스를 처리하는 걸까?', 3문단의 "그렇다면 예방 백신의 원리를 ~ 치료할 수는 없을까?" 등과 같이 질문을 한 뒤, 이에 대한 답변을 전개하여 독자의 흥미를 끌고 있다.

04 요약 면역계는 몸속 구성원과 외부 침입자를 구별하여 외부 침입자를 공격·제거함으로써 우리 몸의 정교한 시스템을 유지시킨다. 예방 백신은 너무 강한 외부 침입자의 공격에 대비하기 위해 인위적으로 약한 침입자를 만들어 이를 공격하게 함으로써 몸의 방어 능력을 높이는 것이다. 그런데 몸속 구성원에 문제가 생긴 경우에는 면역계가 이를 바이러스로 인식하지 못해 공격하지 않는다. 그래서 몸속 고유 단백질과 유사하게 바이러스로 디자인해 백신으로 맞는다. 그러면 면역계는 항체를 만들어 문제가 생긴 몸속 고유 단백질을 제거하는데, 이를 치료 백신이라고 한다. 이 치료 백신으로 생긴 항체로 하여금 암세포를 공격하게 하여 암을 치료하는 방법이 임상 시험 단계에 있다. 치료 백신의 등장으로 선천적인 면역계를 활성화시켜 질병을 치료하는 방향으로 백신의 영역이 넓어지고 있는 것이다.

출전 〈베토벤 교향곡의 음악사적 의의〉, 2014학년도 대학수학능력시험

01 **정답** (1) × (2) × (3) ×

해설 (1) 3~4문단에 따르면, 베토벤의 교향곡은 19세기 초 청중과 음악 비평가들에게 높은 평가를 받았다. 그런데 1문단에서 베토벤의 교향곡은 '창작 기법의 탁월함', '단순한 소재에서 착상하여 ~ 성취해 낸 복잡성' 등으로 설명된다. 즉 창작 기법이 평이한 것은 아니다.

(2) 4문단에 따르면, 슐레겔은 순수 기악에 주목하였으며 모든 순수 기악이 철학적이라고 보았다. 그러나 3문단에 따르면, 당시 빈의 청중들 역시 순수 기악에 주목하고 있었다.

(3) 마지막 문단에 따르면, 19세기 초 독일 사람들은 베토벤을 천재라고 인식하였다. 그러나 그 이유는 베토벤이 이전의 교향곡의 영향을 받지 않아서가 아니라, 이전 교향곡의 전통을 수용하면서도 베토벤만의 독창성을 발휘했기 때문이다.

02 **정답** ①

해설 ㉠ 앞에서는 1800년을 전후하여 달라진 19세기 청중들의 음악관을, 뒤에서는 1800년을 전후하여 달라진 음악 비평가들의 새로운 관점을 이야기하고 있다. 따라서 '또한, 그리고'가 들어가야 적절하다.

㉡ 앞에서 진술한 내용을 뒤의 문장에서 요약하여 제시(당시 빈의 청중들과 음악 비평가들이 원하던 음악에 베토벤 교향곡이 부합했다는 내용)하고 있으므로 '요컨대'가 들어가야 적절하다.

＊요컨대: 중요한 점을 말하자면

03 **정답** ③

해설 4문단에 따르면, 19세기 이전 시대에는 음악을 정서의 촉발자로 보았지만 19세기 음악 비평가들은 음악을 감상자가 능동적으로 이해해야 할 대상으로 인식하였다. 따라서 베토벤의 교향곡이 '인간의 감정을 유발'하기 때문에 19세기 음악 비평가들에게 호평을 받았다는 설명은 적절하지 않다.

오답 풀이 ① 1문단의, 베토벤의 교향곡은 단순한 소재를 모티브로 취하여 통일성을 유지하면서도 이를 다양한 방식으로 가공하여 복잡성을 지니고 있다는 설명에서 알 수 있다.

② 3~4문단에서 알 수 있다. 즉 빈의 새로운 청중은 언어가 순수 기악이 주는 의미를 담기에는 부족하다고 여겼으며, 말로 형용할 수 없는 '음악 그 자체'를 원했다. 또한 이들은 베토벤의 교향곡이 음악의 독립적 가치를 극대화한 음악이라고 평가하였다.

④ 2문단의, 베토벤의 교향곡이 19세기 중심 레퍼토리로 자리매김한 이유는 '작품의 내적인 원리'뿐만 아니라 '19세기 초 음악의 중심에 서고자 했던 독일 민족의 암묵적 염원'이 있었기 때문이라는 설명에서 알 수 있다.

04 **요약** 베토벤의 신화는 창작 기법의 탁월함이라는 작품의 내적 원리 외에 19세기 초 독일 민족의 암묵적 염원을 살펴봄으로써 이해할 수 있다. 당시 빈의 청중은 '음악 그 자체'를 원해 그들의 귀는 순수 기악을 향해 열려 있었다. 또한 당시 음악 비평가들은 음악을 앎의 방식으로 이해하기를 원하여 순수 기악이 철학적이라고 보았으며 베토벤 교향곡이 보편적 진리를 담고 있다고 주장하기도 하였다. 이처럼 당시의 청중과 음악 비평가들은 베토벤 교향곡이 음악의 독립적 가치를 극대화한 음악이자 독일 민족의 보편적 가치를 실현해 주는 순수 기악의 정수라 여겼던 것이다. 더욱이 당시 독일 지역에서 유행한 천재성 담론으로 인해 베토벤이 천재라는 인식이 널리 퍼져 그의 교향곡은 더욱 주목받게 되었다.

3주 차

출전 손동영, 〈인공 지능에 대한 오해〉, 《머니투데이》(2016. 3. 23.)

01 정답 (1) × (2) ○ (3) ×

해설 (1) 2문단에 따르면, 동적 가격 책정 기술은 특정 소비자가 지불할 의사가 있는 '최고 가격'에 맞춰 시스템이 자동으로 가격을 조정하는 기술이다.
(2) 3문단에 따르면, 서비스 대상의 성별과 연령을 섞어 집단을 세분화하는 알고리즘이 무언가를 골라줄 때 개인은 그것이 차별의 산물인지 여부를 알 수 없다.
(3) 2·마지막 문단에 따르면, 글쓴이가 문제 삼고 있는 것은 '기계가 인간의 능력을 넘어서는 것, 인공 지능의 가공할 능력'이 아니라 기계의 선택에 의존하여 인간의 자유, 다양성, 공정함과 같은 중요한 사안들까지 위임하는 우리의 마음가짐이다.

02 정답 ③

해설 ㉠ 앞에는 자동차, 계산기, 컴퓨터, 카메라, 오디오, 검색기 등 인간이 기계에 의존하는 구체적 사례가 나열되어 있고, 뒤에서는 이를 "우리는 꽤 오랫동안 감각 기관부터 운동 능력, 지적 계산과 추론에서 기계에 의존하며 살아왔다"라고 일반화하여 요약하고 있다. 따라서 '요컨대'가 들어가야 적절하다.
㉡ 앞에는 구글과 같은 검색 엔진을 사용할 경우, 사용자는 자신이 어떤 정보로부터 배제되는지 알 수 없다는 내용이 제시되어 있다. 뒤에는 이렇듯 기계(검색 엔진)에 의해 사회의 누군가가 차별받는 상황을 인식하기도, 관심을 기울이기도 어렵게 된다는 내용이 제시되어 있다. 앞뒤 모두 인간이 기계에 선택권을 넘기며 의존했을 때의 문제점을 제시하고 있으므로 '그뿐만 아니라, 더 나아가'가 들어가야 적절하다.

03 정답 ④

해설 제시문의 핵심은 기계에만 의존하여 기계가 만들어 준 취향과 가치관에 길들여져 인간의 자유와 다양성, 공정함 등의 문제에 무감각해져서는 안 된다는 것이다. 알고리즘은 효율적 선택을 위해 효율적 배제를 가져오고, 우리 사회에 어떤 목소리가 배제되는지 관심을 기울이기 어렵게 된다. 이를 방지하기 위해서는 알고리즘으로 발생하는 효율적 배제를 경계하고, 배제되는 목소리에 관심을 기울여야 한다. 따라서 ④가 글쓴이가 말하고자 하는 중심 내용이다.

오답풀이 ① 알고리즘의 선택에 따라 나타나는 '통계적 차별'의 부정적 결과를 우려하고 있지만, 공정한 사회를 만들어야 한다고 주장하는 내용은 없다.
② 알고리즘으로 인한 배제와 통계적 차별을 경계해야 한다고 주장하고 있으므로 '알고리즘을 통한 서비스 차별'은 제시문과 배치된다.
③ 인간이 기계의 선택에 의존했을 경우 발생하는 문제점에 초점을 두고 있으므로, 기계와 조화를 이루는 삶은 중심 내용으로 적절하지 않다.

04 요약 우리는 꽤 오랫동안 기계에 의존하며 살아왔기 때문에 기계가 인간의 능력을 넘어서게 될 시점이 아니라, 인간이 모든 것을 기계에 의존한다면 돌아올 수 없게 될 지점을 문제 삼아야 한다. 사람에 따라 가격에 변화를 주는 '동적 가격 책정' 기술은 균일가보다 효율을 높이면서 가격에 대한 소비자의 불만도 애초에 잠재울 수 있다. 기계가 복잡한 알고리즘을 통해 서비스를 선택해 주는 세상에서는 공정함에 대한 감각도 불분명해진다. 효율적 선택을 위해 개발된 알고리즘은 동시에 효율적 배제를 가능케 하면서, 우리로 하여금 인간의 자유, 다양성, 공정함과 같은 사안들로부터 멀어지게 만들 수 있다. 따라서 우리가 진정으로 경계해야 할 것은 기계에 다가갈수록 더 많은 선택을 위임하는 우리의 마음가짐이다.

출전 김진량, 〈글쓰기와 읽기, 그리고 하이퍼텍스트〉

01 **정답** ④

해설 마지막 문단에 따르면, 하이퍼텍스트에서 중요한 것은 연결 관계의 논리성이 아니라 (텍스트의) 다양함과 풍부함이다. 그 유연한 연결 능력 때문에 텍스트가 놓인 맥락이 중시된다. 텍스트 간의 연결 관계의 논리성이 중시되는 것은 책과 같은 기존의 텍스트이다.

오답 풀이 ① 2문단에서, 하이퍼텍스트의 결속력은 독자의 임의적 선택에 의해 만들어지고 그 선택은 유동적인 것임을 알 수 있다. 그런데 1·4문단을 보면, 하이퍼텍스트와 달리 책의 결속력은 독자가 전달받을 뿐 독자의 선택으로 책의 결속력이 형성되고 변화하지는 않는다.
② 3문단에 따르면, 하이퍼텍스트의 연결 능력은 사전류보다 연결의 편의성이 한결 뛰어나며 하이퍼텍스트는 책과 같은 전통적 정보 체계와 달리 유연하고 비연속적이면서 대단히 복잡한 체계를 갖는다.
③ 3문단의, '하이퍼텍스트는 방대한 정보 항목과 편리한 검색 기능을 갖는다는 점에서 데이터베이스 개념과 비슷한데'에서 알 수 있다.

02 **정답** ②

해설 ㉠ 앞에서는 일관된 흐름을 갖는 기존 텍스트(책)의 구성 방식에 대해, 뒤에서는 일관된 흐름 없이 텍스트가 유동적으로 결속되는 하이퍼텍스트의 구성 방식에 대해 말하고 있다. 앞뒤가 상반되게 이어지고 있으므로 '그러나, 그런데'가 들어가야 적절하다.
㉡ 앞에서 서술한 '글쓰기와 글 읽기'의 핵심을 뒤에서 다시 설명하고 있으므로 '다시 말해, 곧'이 들어가야 적절하다.

03 **정답** ②

해설 3문단에 따르면, 문서 처리 프로그램의 '도움말' 기능은 하이퍼텍스트의 연결 능력과 비교되는 것으로 하이퍼텍스트는 사전류의 항목 연결과는 근본적으로 다른 의미를 갖는다. 도움말 기능에 하이퍼텍스트의 특징이 수록되어 있다는 내용은 없으므로 ②가 적절하지 않다.

오답 풀이 ① 4문단에 따르면, 기존 텍스트에서 독자의 역할은 텍스트의 내적 질서를 의미론적으로 재해석해 내는 것, 즉 상상력으로 재구성하는 것이다. 하이퍼텍스트에서 독자의 역할은 2문단과 마지막 문단에서 알 수 있다. 독자는 하이퍼텍스트에서 각각의 마디를 임의적으로 선택해 연결하기 때문에 그 텍스트의 결속력은 독자의 선택에 의해 만들어진다. 또한 독자는 하이퍼텍스트를 재구성한다.
③ 1문단에서, 시간적 순서 관계이든, 인과적 논리 관계이든 일관되고 자연스러운 흐름이 기존 텍스트의 구성단위를 물리적으로 결속시킴을 알 수 있다.
④ 1문단에서, 내용이나 상호 연결 관계에 대한 간단한 개요나 도해, 이를 검토한 학자의 주석, 추가 사항, 각주를 하이퍼텍스트에 포함할 수 있음을 알 수 있다.

04 **요약** 하이퍼텍스트는 일관된 흐름을 갖는 기존 텍스트(책)의 구성 방식과 달리 각 구성단위의 연결이 고정되어 있지 않다. 일관된 흐름이란 하이퍼텍스트에 처음부터 존재하지 않으며 텍스트의 결속력은 독자의 임의적 선택에 의해 만들어지므로 유동적 상태일 수밖에 없다. 하이퍼텍스트는 연결의 편의성이 기존 텍스트에 비해 한결 뛰어나고, 연결된 항목이 새로운 중심 텍스트가 될 수 있으며 방대한 정보 항목과 편리한 검색 기능을 갖는다. 즉 하이퍼텍스트는 유연하고 비연속적이면서 대단히 복잡한 체계를 갖는다. 하이퍼텍스트의 유동성은 텍스트가 상태의 변화를 지향하는 동적, 과정적 개념을 내포하고 있음을 보여 준다. 요컨대 글쓰기와 읽기로서의 하이퍼텍스트는 그 유동성으로 인해 텍스트가 놓인 맥락이 중시되고 독자의 능동적 참여가 전제되는 대화 형식으로 이루어진다고 볼 수 있다.

5주 차

출전 강남순, 〈두 종류의 새해, 두 종류의 탄생〉, 《한국일보》(2016. 1. 12.)

01 정답 (1) × (2) ○ (3) ○

해설 (1) 2문단에 따르면, 1월이 야누스적 시기인 것은 맞지만, 크로노스적 시간을 통해 의미의 시간인 카이로스적 시간을 생각하게 하는 시기이다.
(2) 2문단에서 알 수 있다. 즉 사람들은 크로노스적 새해인 1월이 과거의 어둠을 물리치고 전적으로 새로움을 가져다줄 것이라는 막연한 기대감으로 12월 31일에 흥분된 모습을 보인다.
(3) 마지막 문단의, 내면적 탄생성에 의해 가능해지는 카이로스적 새해를 위한 세 가지 요소로 '새로운 내면적 탄생의 가능성에 대한 믿음, 그 내면적 탄생을 모색하는 포기하지 않는 열정, 그리고 그러한 새로움으로 시작되는 미래에 대한 희망'을 제시하는 데에서 알 수 있다.

02 정답 ①

해설 ㉮ '외면적 탄생'은 크로노스적 시간과, ㉯ '내면적 탄생'은 카이로스적 시간과 관계가 있다. 3~마지막 문단에 따르면, ㉮는 생물학적 탄생처럼 나의 의지와 상관없이 오지만, ㉯는 나 자신의 철저한 의지, 개입, 열정, 믿음, 노력 등이 있어야 가능하다. 따라서 ㉮는 있지만 ㉯는 없는 생명체가 있을 수 있다는 ①이 가장 적절한 이해이다.

오답 풀이 ② 2문단에 따르면, 미디어는 새해 이벤트를 보여 주면서 달력의 새해, 즉 ㉮가 마치 모든 것을 새롭게 해 주는 마술적 힘이 있는 것처럼 만든다. 따라서 미디어의 새해 이벤트는 ㉯는 강조하지 않고 ㉮를 강조할 것이다.
③ 3문단의 '카이로스적 시간인 의미의 새해는 나 자신의 철저한 의지, 개입, 그리고 열정에 의해서만 가능할 뿐'을 통해 카이로스적 의미의 새해를 맞이하려면 ㉯가 필요함을 알 수 있다.
④ 1문단에 따르면, '생물학적 생명을 지닌 존재로서의 탄생'과 관련이 있는 것은 ㉮이다.

03 정답 ②

해설 앞에는 1월의 시작이 삶에 새로움을 가져온다는 기대를 품게 한다는 내용이, 뒤에는 1월이 지나면서 그러한 기대가 깨진다는 내용이 제시되어 있다. 앞뒤 내용이 상반되게 이어지고 있으므로 '그러나'가 들어가야 적절하다.

04 요약 인간에게 '외면적 탄생'은 생물학적 존재로의 탄생이며 달력의 시간인 '크로노스적 시간'과 관계된 반면, '내면적 탄생'은 의미의 시간, 즉 '카이로스적 시간'과 결부되어 있다. 1월은 달력의 크로노스적 시간과 의미의 시간인 카이로스적 시간이 겹쳐진 야누스적 시기이다. 크로노스적 새해는 생물학적 탄생처럼 나의 의지와 상관없이 오지만, 카이로스적 시간인 '의미의 새해'는 나 자신의 철저한 의지, 개입, 열정에 의해서만 가능하다. 내면적 탄생성에 의해 가능해지는 '나'의 카이로스적 새해를 위해서는 새로운 존재가 되는 내면적 탄생의 가능성에 대한 믿음, 그 가능성에 대한 지순한 열정, 새로운 삶에 대한 믿음에 근거한 미래에 대한 희망이 필요하다. 이것은 결국 우리에게 주어진 이 삶에 대한 사랑에서 비롯된다.

출전 장근영, 《심리학 오딧세이》

01 <mark>정답</mark> (1) × (2) ○ (3) ×

<mark>해설</mark> (1) 3문단에 따르면, 과잉 정당화 효과는 '자기 행동의 동기를 자기 내부에서 찾지 않고 외부에서 주어진 보상 탓으로 돌리는 현상'을 말한다. ⓐ는 퍼즐을 풀 때마다 보상을 준 집단으로, 과잉 정당화 효과에 의해 자기 행동의 동기를 내부가 아니라, 외부에서 주어진 보상 탓으로 돌렸기 때문에 퍼즐 놀이에 참여하지 않게 된 것으로 이해할 수 있다.

(2) 4문단의, 과잉 정당화 효과는 돈이나 음식 같은 물질적인 보상에서는 잘 일어나는 반면 심리적이고 비물질적인 보상일 경우에는 잘 일어나지 않는다는 내용에서 알 수 있다.

(3) 4문단의, '성취도에 따라서 체계적으로 주어지는 보상은 ~ 과잉 정당화 효과가 잘 나타나지 않는다'에서 알 수 있다. 즉 성취도에 따라 체계적으로 물질적 보상을 주면, 과잉 정당화 효과는 잘 일어나지 않는다.

02 <mark>정답</mark> ③

<mark>해설</mark> 마지막 문단의 '과잉 정당화 효과는 지나친 보상이 오히려 역효과를 불러일으킨다'는 언급으로 보아 글쓴이는 '보상'에 대해 ③ '過猶不及(과유불급)'처럼 생각할 것이다.

*過猶不及(지날 과, 원숭이 유, 아닐 불, 미칠 급): 정도를 지나침은 미치지 못함과 같다는 뜻으로, 중용(中庸)이 중요함을 이르는 말

<mark>오답 풀이</mark> ① 多多益善(많을 다, 많을 다, 더할 익, 착할 선): 많으면 많을수록 더욱 좋음.

② 不偏不黨(아닐 불, 치우칠 편, 아닌가 부, 무리 당): 아주 공평하여 어느 쪽으로 치우침이 없음.

④ 一擧兩得[하나 일, 들 거, 두 양(량), 얻을 득]: 한 가지 일을 하여 두 가지 이익을 얻음.

03 <mark>정답</mark> ④

<mark>해설</mark> 자신의 행동을 관찰하고, 자신의 상태를 파악한다는 앞의 내용을 근거로 하여 뒤의 내용('보상 유무에 따라 자신의 행동을 관찰하고 파악함')을 이끌어 내고 있으므로 '따라서'가 들어가야 적절하다.

04 <mark>요약</mark> 대부분의 사람들은 행동에 대한 보상이 많을수록 그 행동을 자주 할 것이라고 생각하지만 사실은 그렇지 않다. 이는 과잉 정당화 효과 때문이다. 과잉 정당화 효과란 자기 행동의 동기를 자기 내부에서 찾지 않고 외부에서 주어진 보상 탓으로 돌리는 현상을 말한다. 과잉 정당화 효과는 심리적이고 비물질적 보상이 주어졌을 때보다 물질적 보상이 주어졌을 때 더 잘 일어난다. 또한 성취도에 따라 체계적으로 주어지는 보상보다 성취도와 상관없이 주어지는 보상일 경우에 더 잘 일어난다. 이러한 과잉 정당화 효과는 보상이 능사가 아니라는 점을 보여 준다.

7주 차

출전 강정인, 〈정치 불참의 의미와 성격〉

01 정답 (1) ○ (2) ○ (3) ○

해설 (1) 1~2문단에 따르면, 도구적 정치관에서는 정치 참여란 그 자체가 내재적 가치를 지니지 않는다고 본다. 반면 공동체적 정치관에서는 정치 참여가 건전한 정치 체제와 개인의 자아 발전을 위해 필수적이라고 보므로, 정치 참여의 내재적 중요성을 강조한다.

(2) 마지막 문단의, '도구적 정치관에 따르면 ~ 정치적 무관심이나 비참여는 오히려 정상적인 것으로 여겨진다'에서 알 수 있다.

(3) 마지막 문단의, '도구적 정치관에 따르면 ~ 정치 참여의 중요성은 선거에서 투표 등을 통해 정치가들의 권력 남용을 방지하기 위해 필요한 보조적인 활동으로서 거론될 뿐이다'에서 알 수 있다.

02 정답 ④

해설 ㉠ 공동체적 정치관에서 정의하는 정치의 개념을 근거로 하여, 공동체적 정치관에서는 정치 참여가 필수적이라는 결론을 이끌어 내고 있다.

㉡ 도구적 정치관에서 정의하는 정치의 개념을 근거로 하여 도구적 정치관에서는 정치 참여가 내재적 가치를 지니지 않으며 시민의 이익 추구 수단에 불과하다는 결론을 이끌어 내고 있다.

따라서 ㉠, ㉡에는 앞의 내용을 근거로 하여 결론을 이끌어 내는 '따라서, 그러므로' 등이 들어가야 적절하다.

03 정답 ②

해설 ⓐ '공동체적 정치관'에서는 정치적 관심과 참여는 자연스러운 것이고, 인간됨을 완성하고 개인의 자아 발전을 위해 정치 참여가 필수적이라 보고 있다. 반면 ⓑ '도구적 정치관'에서는 정치적 무관심과 비참여가 정상이라고 보고 있다. 따라서 ⓐ는 ⓑ에 대해 '인간다움의 실현과 개인의 자아 발전을 위해서 정치 참여를 해야 한다'라고 비판할 것이다. 따라서 ②가 정답이다.

오답 풀이 ① 마지막 문단에서, ⓐ는 시민들이 정치에 참여하지 않거나 무관심한 현상을 '소외'로 보고, 정치적 무관심이나 비참여를 정치적 소외의 차원에서 논의할 수 있다고 하였다. 그러나 ⓐ가 '인간 소외 현상'을 해결하기 위해 정치 활동에 참여한다고 주장한 것은 아니다.

③ '정치에 대한 무관심이 사회의 위계질서를 무너뜨린다'는 내용은 제시문에 없다.

④ 2문단에 따르면, 정치 생활을 경쟁적인 투쟁으로 보는 것은 ⓐ가 아니라 ⓑ이다.

04 요약 정치에 대한 근본적 개념은 공동체적 정치관과 도구적 정치관으로 나눌 수 있다. 공동체적 정치관에 따르면 정치란 공공 정신에 의해 발양되는 인간 상호 간의 활동이며 인간은 본성상 정치적 동물이다. 또한 건전한 정치 체제와 개인의 자아 발전을 위해 정치 참여의 내재적 중요성을 강조한다. 따라서 이 관점에서는 정치 참여가 필수적이기 때문에 시민들의 정치적 무관심이나 비참여를 정치적 소외의 차원에서 논의한다. 반면 도구적 정치관에 따르면 정치란 권력과 이익을 추구하는 수단으로 인간에게 정치란 주변적 활동에 불과하다. 따라서 이 관점에서는 정치 참여가 내재적 가치를 지니지 않으며 시민들의 정치적 무관심이나 비참여는 오히려 정상적인 것으로 여겨진다.

8주 차

출전 신좌섭, 〈실력 있는 의사는 하늘에서 떨어지지 않는다〉, 《경향신문》(2016. 5. 31.)

01 **정답** (1) ○ (2) ○ (3) ×

해설 (1) 2문단의, 의학은 복잡성, 불확실성, 예측 불가능성을 특징으로 하기 때문에 임상 교육 과정은 필수 불가결한 과정이며 이것을 반복적으로 경험해야 한다는 내용에서 알 수 있다.

(2) 3문단의 '이제는 의료라는 상품의 소비자로서 설익은 서비스를 거부하는 태도가 지배적이다. ~ 병원은 수익을 위해 미리 알아서 암묵적으로 학생들의 환자 접촉을 차단하는 경향이 생긴 것이다'에서 알 수 있다.

(3) 실력 있는 의사 양성을 위해 임상 실습만을 위한 교육 병원을 운영해야 한다는 내용은 없다. 4~마지막 문단에서, 좋은 의사가 되기 위해서는 임상 실습을 충분히 해야 하며, 환자의 프라이버시와 실력 있는 의사 양성이라는 두 마리 토끼를 동시에 잡는 사회적 지혜를 이끌어 내야 한다고 언급했을 뿐이다.

02 **정답** ④

해설 ㉠ 앞 문단에는 의사가 되기 위해서는 임상 교육이 필수적이라는 내용이, 뒤 문단에는 임상 교육 과정이 위기에 직면한 원인이 제시되어 있다. 앞뒤 내용이 상반되게 이어지므로 '그러나'가 들어가야 적절하다.

㉡ 앞에는 환자의 프라이버시를 존중해야 한다는 내용이, 뒤에는 환자의 프라이버시 존중과 상충되는 임상 실습 과정을 어떻게 유지해야 하는지 사회적으로 논의해야 한다는 내용이 제시되어 있다. 앞뒤 내용이 상반되게 이어지므로 '그러나'가 들어가야 적절하다.

03 **정답** ①

해설 ①과 같이 대상의 범위를 규정하여 그 개념을 명확히 설명하는 '정의'는 사용되지 않았다.

오답 풀이 ② 원인과 결과의 전개 방식이 사용되었다. 제시문에서는, 의사를 양성하기 위한 임상 실습 과정의 중요성을 설명하면서 1990년대 무렵부터 발생한 임상 교육 과정의 위기와 그 원인을 밝히는 데에 인과가 쓰였다.

③ 대조의 방식이 사용되었다. 2문단의 수학·물리학과 의학을 대비하여 설명하는 데에 대조의 방식이 쓰였다.

④ 예시의 방식이 사용되었다. 1문단의 프로페셔널의 예로 의료인, 법률가 등을 드는 데에 예시가 쓰였다.

04 **요약** 의사란 사람의 생명을 다루기 때문에 '철저함, 윤리성, 자기 통제' 같은 프로페셔널의 특성을 가장 잘 갖추어야 하는 전문직이다. 따라서 의사 양성을 위해서는 면허 없는 학생 때 환자를 돌보는 과정에 참여하도록 허용하고, 임상 교육 과정을 통해 환자 진료에 참여하는 것을 필수로 하고 있다. 그러나 1990년대 무렵부터 임상 교육 과정은 위기에 직면해 있다. 이는 환자들이 설익은 의료 서비스를 거부하는 태도가 지배적이고, 병원은 수익을 위해 학생들의 환자 접촉을 차단하는 경향이 생겼기 때문이다. 하지만 실습을 충분히 못한 학생들이 좋은 의사가 될 수는 없다. 환자의 프라이버시는 반드시 존중되어야 하지만, 이와 함께 실력 있는 의사 양성도 가능할 수 있도록 사회적 지혜를 이끌어 내야 할 것이다.

9주 차

출전 〈인간의 후각〉, 2015학년도 대학수학능력시험 9월 모의평가

01 **정답** (1) × (2) ○ (3) ×

해설 (1) 3문단에 따르면, 우리가 메탄올보다 박하 냄새를 더 쉽게 알아챌 수 있는 까닭은 메탄올의 탐지 역치가 박하 향보다 훨씬 높기 때문이다. 즉 탐지 역치가 높은 취기재가 아니라, 낮은 취기재의 정체를 더 알아차리기 쉽다.
(2) 2문단의 "개가 10억 개에 이르는 후각 수용기를 갖고 있는 것에 비해 인간의 후각 수용기는 1천만 개에 불과하여 인간의 후각이 개의 후각보다 둔한 것이다"를 통해 알 수 있다.
(3) 2문단에 따르면, 인간은 동물만큼 후각이 예민하지 않다. 그런데 4문단에 따르면, 같은 취기재들 사이에서 농도가 11% 정도 차이가 나면 냄새의 세기 차이를 구별할 수 있다. 즉 인간이 같은 취기재들 간의 냄새 강도를 아예 구별하지 못하는 것은 아니다.

02 **정답** ②

해설 ㉠ 앞에는 냄새를 맡기 위해서는 공기 중 취기재의 분자가 충분히 많아야 한다는 사실이, 뒤에는 취기재의 농도가 어느 정도 이르러야 냄새를 맡을 수 있다는 내용이 나온다. 따라서 뒤의 문장은 앞의 문장을 다시 설명한 것이다.
㉡ ㉡의 앞뒤 내용은 취기재의 농도가 탐지 역치 정도 수준일 때는 냄새의 존재 유무만 알 수 있을 뿐, 냄새의 정체는 인식하지 못한다는 내용이다. 뒤의 문장은 앞의 문장을 다른 표현으로 재진술한 것이다.
㉢ 앞에는 취기재의 농도가 탐지 역치보다 높아야 취기재의 정체를 알 수 있다는 내용이, 뒤에는 취기재의 농도가 탐지 역치보다 낮으면 냄새(취기재)의 정체를 알 수 없다는 내용이 나온다. '취기재의 농도'만 높고 낮음으로 바꾸었을 뿐 같은 내용을 서술하고 있다.
따라서 ㉠~㉢의 뒤 문장은 모두 앞 문장의 내용을 다시 설명한 것이므로 '즉, 다시 말해' 등이 들어가야 적절하다.

03 **정답** ③

해설 4문단에 따르면, 취기재의 정체를 인식하기 위해서는 '취기재의 농도가 탐지 역치보다 3배가량은 높아야 한다'. 탐지 역치가 취기재의 농도보다 높으면 우리는 냄새 자체를 인식하지 못하므로 ③이 적절하지 않다.

오답 풀이 ① 3문단의, 우리가 냄새를 맡으려면 공기 중의 취기재의 농도가 냄새를 탐지할 수 있는 최저 농도인 탐지 역치 수준에 이르러야 한다는 내용에서 알 수 있다.
② 1문단의, 우리가 냄새를 맡을 수 있는 것은 취기재의 분자가 코의 내벽에 있는 후각 수용기를 자극하기 때문이라는 내용에서 알 수 있다.
④ 마지막 문단에 따르면, 우리가 특정한 냄새의 정체를 파악하지 못하는 이유는 모든 냄새에 대응하는 명명 체계를 갖고 있지 못하고, 특정한 냄새와 그 이름을 연결하는 능력이 부족하기 때문이다. 따라서 (A)의 실험 참여자가 냄새의 정체를 인식할 수 있었던 이유는 실험 참여자의 기억 속에 냄새에 대응하는 명명 체계가 있으면서 그 이름을 취기재와 연결시킬 수 있었기 때문이다.

04 **요약** 우리가 어떤 냄새가 난다고 탐지할 수 있는 것은 냄새를 일으키는 물질인 '취기재'의 분자가 후각 수용기를 자극하기 때문이다. 일반적으로 인간은 동물에 비해 후각 수용기를 적게 가지고 있어 동물보다 후각이 둔하다. 우리가 냄새를 탐지할 수 있게 하는 취기재의 최저 농도를 '탐지 역치'라고 하는데, 탐지 역치는 취기재에 따라 차이가 있다. 탐지 역치 정도의 수준에서는 냄새가 나는지 안 나는지 정도만 탐지할 수 있고, 그 냄새가 무슨 냄새인지는 인식하지 못한다. 냄새(취기재)의 정체를 인식하려면 취기재의 농도가 탐지 역치보다 3배가량 높아야 한다. 한편 같은 취기재들 사이에서는 농도가 평균 11% 정도 차이가 나야 냄새의 세기 차이를 구별할 수 있다. 인간이 특정한 냄새의 정체를 파악하기 어려운 것은 모든 냄새에 대응되는 명명 체계를 갖고 있지 못하며, 특정 냄새와 그에 해당하는 이름을 연결하는 능력이 부족하기 때문이다.

10주 차

출전 이건용, 〈느린 악장의 미학〉, 《중앙일보》(2016. 8. 23.)

01 **정답** (1) ○ (2) × (3) ○

해설 (1) 1~3문단에서 알 수 있다. 18세기 후반에는 서양 음악에서 빠르기 배열이 바뀌는 변화가 확립되었다. 먼저 첫 악장은 다음 부분을 위해 분위기를 연출해 주는 악장에서, 얘기의 주제를 제시하는 주된 악장으로 변화한다. 또한 느린 악장은 준비를 위한 악장에서, 빠른 악장의 다음에 나오는 휴식과 반성과 명상의 악장으로 변화한다.

(2) 3문단에 따르면, 2악장을 '노래하는 악장'이라고 부르는 이유는 서정적인 선율로 감정적 소통을 이루는 악장이기 때문이다. 악곡의 주제를 제시하는 주된 장은 2악장이 아니라 첫 악장, 즉 1악장이다.

(3) 4문단의, 전통 음악 연주자들이 느린 장단에서 서서히 흥을 돋우고 좌중의 호흡과 열기를 끌어들여 그 힘으로 빠른 장단으로 옮겨 간다는 내용에서 알 수 있다.

02 **정답** ④

해설 '정의'의 방식은 제시문에서 사용되지 않았다.

오답 풀이 ① 3문단에서 느린 악장은 그 악곡의 주제를 1악장과는 다르게 바라본다는 사실을, 베토벤의 〈영웅 교향곡〉을 예시로 들어 설명하고 있다.

② 2~3문단에서 서양 음악에서 빠른 악장과 느린 악장의 기능적 차이를 설명하는 부분과, 4문단에서 서양 음악과 우리 전통 음악의 빠르기 배열 방식의 차이를 설명하는 데에 대조의 방식이 사용되었다.

③ 5문단에서, 음악의 '느림-빠름의 변화'를 통해 아이들 배움의 성장 단계, 사회의 발전 방식을 유추의 방법으로 설명하고 있다. 유추는 서로 다른 범주에 속하는 사물 간의 유사성을 통해 주어진 대상을 추리하는 방법이다.

03 **정답** ③

해설 ⓐ는 1악장이 빠른 4악장 혹은 3악장 체제이므로 '빠름-느림-빠름-느림' 혹은 '빠름-느림-빠름'의 배열 순서를 가진다. 따라서 빨라졌다가 느려지는 구간이 있다. 반면 4문단에 따르면 ⓑ '우리 전통 음악'은 '거의 예외 없이 느리게 시작해 차츰 빨라'지는 형식이므로 빠르기가 '빨라졌다가 느려지는' 구간은 없다. 따라서 ③이 정답이다.

오답 풀이 ① 3문단에 따르면, ⓐ의 느린 악장(2악장)은 그 악곡의 주제를 1악장과는 다르게 바라보기를 시도한다. 따라서 ⓐ의 1악장과 2악장을 모두 들으면 악곡의 주제를 다르게 살펴볼 수 있다.

② 4문단의, ⓑ에서 느린 부분은 제일 어려운 부분이고 연주자의 솜씨가 잘 나타난다는 내용에서 알 수 있다.

④ 2~3문단에 따르면, ⓐ의 1악장은 '빠른 악장'이고, 2악장은 '느린 악장'이다. 또한 4문단에 따르면, ⓑ '우리 전통 음악'인 산조에서 '진양조'는 느린 악장이고, '자진모리'는 빠른 악장이므로 ⓐ의 1악장은 자진모리와, ⓐ의 2악장은 진양조와 연결해 볼 수 있다.

04 **요약** 고전주의 시대의 서양 음악에서 빠르게 시작되는 1악장은 주제를 제시하는 주된 악장이고, 그 다음의 느린 악장은 반성하고 명상하면서 주제를 1악장과는 다르게 바라보기를 시도하는 장이다. 한편 우리 전통 음악은 거의 모두 느리게 시작해서 점차 빨라지는데, 느린 부분에서 연주자는 서서히 흥을 돋우고 청중을 끌어들이며 힘을 얻는다. 이러한 느림-빠름의 변화는 아이들 배움의 단계에서도 반복된다고 하니, 사회의 발전 또한 그러할 것이다. 정체된 시기라 해도 반성과 명상, 사태를 달리 보기, 같이 소통하며 흥을 돋움으로써 힘을 얻는 것 등은 다음에 올 빠름의 시기를 위해서도 필요한 일이다.

11주 차

출전 조흥식, 〈소외 문제와 사회 복지를 보는 눈〉

01 정답 (1) ○ (2) ○ (3) ×

해설 (1) 4문단의 '자유 시장 경제의 발전에 따라 끊임없이 생겨난 각종 소외 — 차별과 불평등 문제 ~'와 1문단의 '소외는 ~ 개인의 불행일 뿐만 아니라 사회의 유지와 발전을 위협하는 요인'에서 알 수 있다.

(2) 4~마지막 문단에서 알 수 있다. 즉 분배 정의는 국민 모두의 기본적인 생활 보장과 안정적인 사회적 기초로 작동하는데, 사회 복지가 이러한 분배 정의의 기능을 수행한다. 또한 사회 복지는 자유 시장 경제의 발전에 따라 끊임없이 생겨나는 차별과 불평등 문제를 해결하는 데 유효한 제도이다.

(3) 4문단에서 글쓴이는 사회 복지 반대론자들의 주장('극빈 계층을 대상으로 제한된 범위 내에서 최소한으로 사회 복지를 실시해야 함')을 반박하며 사회 복지 제도의 유효성을 주장하고 있다. 따라서 글쓴이는 사회 복지 찬성론과 반대론을 절충하고 있지 않다.

02 정답 ③

해설 ㉠ 앞에는 구조 조정으로 인해 실업한 사람들을 방치하게 될 때 발생할 문제점이, 뒤에는 앞의 문제를 해소하기 위한 해결책이 제시되어 있다. 앞의 내용을 근거로 주장이 제시되어 있으므로 '따라서, 그러므로'가 들어가야 적절하다.

㉡ 앞에 제시된 사회 복지 반대론자들의 주장을 뒤에서 반박하고 있으므로 상반된 내용을 이어 주는 '하지만, 그러나'가 들어가야 적절하다.

03 정답 ①

해설 3문단에서 사회 복지 찬성론자들은 국가가 주도하여 사회 복지 제도를 체계적으로 수립하고 범위를 확대해야 한다고 주장하고 있지만, 그것을 어떻게 체계적으로 수립할 수 있는지에 대해서는 설명하고 있지 않다.

오답 풀이 ② 2문단의, '현대 사회가 발전함에 따라 계층 간 ~ 사회 문제가 다각적으로 생겨나고 있는데'를 통해 해결할 수 있다.

③ 마지막 문단의, "우리가 추구하는 것은 소외 계층을 포함하는 모든 국민이 사회에 참여하고 공동체의 발전과 삶의 질 향상에 기여하는 사회이다"를 통해 해결할 수 있다.

④ 3문단에서 사회 복지 찬성론자들은 소외 문제를 해결하기 위해 국가와 사회가 주도하여 사회 복지 제도를 수립해야 함을 주장하고 있다. 이와 같은 맥락에서 글쓴이 또한 4~마지막 문단에서 소외 문제를 해결하기 위해서는 사회 복지 제도를 실시해야 한다고 주장하고 있다.

04 요약 개인이 억압적 사회 구조나 제도와 상호 작용할 때 경험하는 무력감을 '소외'라 한다. 현대 사회에서는 경제 성장과 사회 분화 과정에서 나타나는 불평등·불균형으로 인해 소외 문제가 발생하는 경우가 많은데 사회 복지는 이를 해결하고 예방하기 위한 활동이다. 사회 복지 찬성론자들은 소외 문제의 원인은 자유 시장 경제의 불완전성에 있으며 이를 해결하기 위해 국가가 주도하여 사회 복지 제도를 체계적으로 수립하고 범위를 확대해 나가야 한다고 주장한다. 반면 반대론자들은 사회 복지의 확대는 근로 의욕 상실, 도덕적 해이 같은 복지병을 발생시키므로 최소한으로 사회 복지를 실시해야 한다고 주장한다. 그러나 복지병은 복지의 과잉 공급에 의해 생기는 폐단일 뿐, 이것이 사회 복지가 이루어 낸 성과를 가릴 수는 없다. 사회 복지는 자유 시장 경제의 발전에 따라 생겨나는 각종 소외 문제를 해결하는 데 유효하며, 국민 모두의 인간적 삶을 보장하는 분배 정의의 기능을 수행하는 제도이다.

출전 박명준, 〈고용이라는 이름의 상자〉, 《한국일보》(2016. 9. 20.)

01 정답 ②

해설 2문단에 따르면, 글쓴이는 고용 안정성을 높일수록 비용이 올라가므로 기업(사용자)이 고용을 늘리는 유인이 떨어질 것이라고 생각한다. 그러면서 기업이 비용을 감당 가능하도록 하면서도 적절한 안정성이 유지되게 하는 고용 정책이 필요하다고 진술한다. 즉 고용 안정성을 높이는 데 드는 비용은 정부가 아니라, 기업이 부담해야 한다는 것이 글쓴이의 견해이다.

오답 풀이 ① 2문단에서 알 수 있다. 즉 청년 고용 정책에서는 기업들이 최대한 튼튼한 고용 상자들을 많이 만들어 낼 여건을 잘 조성해야 하지만, 고령 고용 정책에서는 노동 시장에서 가급적 천천히 퇴장하게 하거나 좀 더 노동을 이어 가게 하는 것이 필요하다.

③ 6문단의, 서유럽에서 말하는 유연 안정성의 한국판을 모색하려면 분배 정책상의 획기적인 변화도 뒤따라야 한다는 진술에서 알 수 있다.

④ 마지막 문단의, 지속 가능한 노동 시장을 위해 정책 실현에 결정적일 수 있는 사회적 이해 조정의 필요는 계속된다는 진술에서 알 수 있다.

02 정답 ③

해설 '일정한 직업을 잡아 직장에 나감'을 뜻하는 '취업'은 '就業(나아갈 취, 일 업)'으로 쓴다. 참고로 '취업'과 같은 뜻인 '취직'은 '就職(나아갈 취, 직분 직)'으로 쓴다. *取: 가질 취

오답 풀이 ① 勞動[수고로울 노(로), 움직일 동]: 몸을 움직여 일을 함. / 사람이 생활에 필요한 물자를 얻기 위하여 육체적 노력이나 정신적 노력을 들이는 행위

② 關鍵(빗장 관, 열쇠 건): 문빗장과 자물쇠를 아울러 이르는 말 / 어떤 사물이나 문제 해결의 가장 중요한 부분

④ 調停(고를 조, 머무를 정): 분쟁을 중간에서 화해하게 하거나 서로 타협점을 찾아 합의하도록 함.

03 정답 ①

해설 2문단에 따르면, 고용 정책은 어떤 크기와 두께의 고용 상자들을 얼마나 많이 생기게 할 것인가가 관건이다. 그러면서 글쓴이는 마지막 문단에서, 지속 가능한 노동 시장을 위해서는 지금보다 작고(크기) 얇아도(두께) 튼튼한 새로운 모습의 고용 상자들이 필요하다고 주장한다. 즉 노동 시장을 지속하기 위해서는 고용 상자의 크기뿐만 아니라 두께를 함께 고려해야 한다는 것이다.

오답 풀이 ②·④ 2문단의 "유능한 정부일수록 양질의 노동이 들어갈 수 있는 튼튼한 고용 상자들을 많이 생기게 한다"에서 알 수 있다. 즉 정부는 노동 시장을 넓히는 데 노력하는 것이 아니라, 노동 시장의 방을 채울 수 있는 고용 상자를 늘려 노동 시장을 관리하는 것이다.

③ 제시문에 없는 내용이다. 오히려 5문단에 따르면, 시간 선택제는 크기만 작은 게 아니라 두께도 얇아진 상자들이므로, 고용 상자의 크기와 두께를 반비례 관계로 파악한 것은 적절하지 않다.

04 요약 현대 사회에서 노동은 주로 고용이라는 틀 속에서 이루어진다는 점에서, 고용은 노동을 담는 상자와도 같다. 그리고 고용 정책의 관건은 노동 시장이라는 방 안에 양질의 노동이 담기는 튼튼한 고용 상자들이 많이 들어가게 하는 것이다. 하지만 고용 대란 시대인 지금 두꺼운 고용 상자들이 든 큰 방 안엔 들어가기 어렵고 작은 방이나 가벼운 고용 상자로는 오래 버티기 어렵다. 우리 사회는 고도 성장기를 지난 데다 저출산·고령화도 급속히 진행되고 있다. 따라서 고용 상자의 크기를 줄여 노동 시장의 방에 들어갈 상자의 개수를 늘리거나 상자의 두께를 줄이되 강도를 잘 유지되게 하는 등의 대안을 모색해야 한다. 지속 가능한 노동 시장을 위해선 지금보다 작고 얇더라도 튼튼한 고용 상자들이 많아지도록 해야 한다.

13주 차

출전 김재호, 〈미토콘드리아의 헌신과 공생〉,《동아일보》(2017. 5. 16.)

01 정답 ③

해설 5문단에서 냉혈 동물과 온혈 동물의 미토콘드리아 작동 방식을 비교·대조하고 있다. 그러나 이들의 체온 유지 방식이 지닌 장단점을 비교해서 설명하지는 않았다.

오답 풀이 ① 미토콘드리아의 에너지 생산 방식은 1·4문단에서, 그 요건은 2문단에서 알 수 있다. 즉 미토콘드리아는 호흡 과정에서 산소와 반응하여 내막 안에 있는 미토콘드리아 기질에서 산화가 일어나 에너지원인 ATP를 합성한다. 또한 미토콘드리아가 가동되려면 산소와 포도당이라는 요건이 필요하다.

② 3문단에 따르면, 미토콘드리아는 에너지가 필요한 다른 원핵 세포와 영양분을 주고받는 공생 관계를 맺음으로써 생존하고 번식한다. 그리고 4문단에서 핵막으로 막혀 있지 않고 내부에서 자유롭게 떠다니는 미토콘드리아 유전자의 특질을 설명하고 있다.

④ 마지막 문단의 '미토콘드리아는 ~ 동물들을 살아가게 한다'에서 공생하는 생태계에서 미토콘드리아의 역할을 설명하고 있다.

02 정답 ①

해설 '균형이 맞게 바로잡음. 또는 적당하게 맞추어 나감.'을 뜻하는 '조절'은 '調節(고를 조, 마디 절)'로 쓴다. *操: 잡을 조

오답 풀이 ⓒ 消耗(사라질 소, 빌 모): 써서 없앰.

ⓒ 損傷(덜 손, 상처 상): 물체가 깨지거나 상함. / 병이 들거나 다침. / 품질이 변하여 나빠짐. / 명예나 체면 가치 따위가 떨어짐.

㉢ 仲介(버금 중, 끼일 개): 제삼자로서 두 당사자 사이에 서서 일을 주선함.

03 정답 ②

해설 4문단에 따르면, 미토콘드리아는 외막과 내막으로 둘러싸여 있으며, 외막과 내막 중 열에너지가 방출되고 ATP가 합성되는 곳은 내막(A)이다. 또한 2문단에 따르면 미토콘드리아가 가동되기 위해서는 포도당(B)과 산소(C)가 필요하며, 산소(C)가 있으면 미토콘드리아는 더욱 많은(D) ATP를 만들 수 있다.

04 요약 동물이 에너지를 만드는 호흡 과정에서 세포 속의 미토콘드리아는 산소와 반응하면서 열을 낸다. 세포 내 소기관인 미토콘드리아는 생물체의 에너지원인 ATP를 만들면서, 에너지가 필요한 세포와 영양분을 주고받는 공생 관계를 형성한다. 미토콘드리아 내막에는 에너지 생산에 필요한 단백질이 가득하며, 여기서 에너지가 방출될 때 ATP가 합성되고 열이 나온다. 냉혈 동물도 체온 유지를 위해 미토콘드리아 활동을 조절하며, 늘 열을 내는 온혈 동물도 미토콘드리아가 활동치 않으면 세포 기능이 떨어질 수 있다. 식물이 받은 태양 에너지가 동물에 전이되고 다시 생태계로 돌아가는 동식물의 에너지 순환 및 공생 과정에서, 생태계 에너지 흐름을 중개하는 미토콘드리아는 세포 뭉치인 동물들이 살아가도록 헌신한다.

14주 차

출전 안광복, 〈베블런과 브룩스로 읽는 소비의 종말〉, 2016학년도 6월 고1 전국연합학력평가

01 정답 ③

해설 4문단에 따르면, 기존의 과시적 소비가 모방 효과로 인해 다른 사람과의 차별을 만들어 내지 못할 경우 기존 상품의 수요가 줄어드는데, 이런 현상을 '속물 효과(스놉 효과)'라고 한다. 따라서 '속물 효과'는 '모방 효과'로 인해 기존의 과시적 소비 상품의 수요가 늘어나는 것이 아니라 줄어드는 현상을 뜻한다.

오답풀이 ① 마지막 문단에 따르면, 기존의 경제 이론은 '재화의 가격이 하락하면 소비량이 증가한다'는 관점을 가진다. 그런데 베블런 효과는 과시적 소비로 인해 가격이 올라도 수요(소비량)가 늘어나는 현상이므로, 베블런 효과는 기존의 경제 이론으로는 설명할 수 없다.
② 2문단의 '과시적 소비로 인해 가격이 올라도 ~ 과시적 소비의 대상이 되는 상품을 '베블런 재(財)'라고 한다'에서 알 수 있다.
④ 1문단에 따르면, 대량 소비 시대가 되자 과시적 소비가 나타났다. 또한 마지막 문단에 따르면, 이러한 과시적 소비를 분석한 베블런과 라이벤스타인의 연구는 '소비 형태로 계층을 판단하는 현대 자본주의 사회의 모습을 설명'하는 데 의의가 있다.

02 정답 ③

해설 ㉠ 앞에서는 과시적 소비를 모방하는 밴드 왜건 효과에 대해, 뒤에서는 밴드 왜건 효과로 과시적 소비가 차별 효용을 상실할 때 일어나는 스놉 효과에 대해 이야기하고 있다. 화제를 앞의 내용과 관련시키면서 다른 방향으로 이끌어 나가고 있으므로 '그런데'가 들어가야 적절하다.
㉡ 진귀한 물건의 소비가 늘어 기존 상품의 수요가 줄어드는 스놉 효과에 대한 설명을 뒤에서 다른 표현으로 다시 설명하고 있다. 따라서 '곧, 즉'이 들어가야 적절하다.

03 정답 ①

해설 3문단에 따르면, 모방 효과(밴드 왜건 효과)는 일부 상류층과 신흥 부유층을 중심으로 일어난 과시적 소비를 주위 사람들이 흉내 내어 사회 전체로 퍼져 나가는 현상이다. 많은 사람들이 구매하는 상품을 놓쳐서는 안 된다는 것은 다른 사람들의 소비를 따라해야 한다는 것이므로 ①이 모방 효과를 유도하고 있는 광고 문구다.

오답풀이 ② 좋은 질을 가진 제품을 실속 있는 가격으로 구매할 수 있다는 광고이므로 합리적인 소비를 유도하는 광고 문구다.
③ 제품이 가진 효과를 강조한 광고 문구다.
④ 누구나 가질 수 있는 것은 차별 효용이 없다는 것으로, 남들과 달라야 한다는 속물근성에 기반을 둔 것이다. 이는 '스놉 효과(속물 효과)'를 유도하는 광고 문구이다.

04 요약 대량 소비 시대가 되자 사람들은 주위를 의식하며 자신을 과시하기 위해 상품을 소비하게 되었다. 이러한 과시적 소비로 인해 고가의 상품이 가격이 올라도 수요가 늘어나는 현상을 '베블런 효과'라고 하고, 과시적 소비의 대상이 되는 상품을 '베블런 재'라고 한다. 또한 일부 부유층과 신흥 부유층을 중심으로 일어나는 과시적 소비가 사회 전체로 퍼져 나가는 현상을 '밴드 왜건 효과'라고 한다. 그리고 이 밴드 왜건 효과로 인해 과시적 소비가 차별 효용을 상실할 경우, 새로운 상품으로 수요가 옮겨 가는 현상을 '스놉 효과'라고 한다. 이러한 연구는 소비 형태로 계층을 판단하는 현대 자본주의 사회의 모습을 설명할 수 있다는 점에서 의의가 있다.

15주 차

출전 박정자, 〈김영란法과 선물의 정치학〉, 《동아일보》(2016. 9. 29.)

01 정답 ④
해설 마지막 문단에 따르면, 국가 간 물건을 주고받다 보면 평화적 관계가 형성된다. 그러나 국가 간 선물을 주고받는 것이 경쟁적 성격을 지닌다는 설명은 제시문에 나타나지 않는다.
오답 풀이 ① 2문단의, 자원의 소모가 오히려 그것을 소모한 사람에게 특권을 안겨 준다는 내용에서 알 수 있다.
② 6문단의, 선물에 대한 답례를 위해 지연된 시간이 신용의 기초이며 현대 사회의 사회 보장 제도도 여기에서 유래했다는 내용에서 알 수 있다.
③ 5문단의 '사회적 인간이 ~ 신분의 기원이기도 하다'에서 모든 사회에 공통적으로 적용되는 선물의 의미를 설명하고 있다.

02 정답 ④
해설 ㉠ 앞에 선물의 답례에는 원래 시간이 필요했다는 내용이 나오고, 장례식 조문 등은 더욱이나 '즉각' 답례할 수 있는 성질이 아니라는 내용이 이어진다. 따라서 '이미 있는 사실에 더하여'의 뜻인 '더구나'를 강조한 '더군다나'가 들어가야 적절하다.
㉡ 앞에서 '식사 접대, 장례식 조문'과 같이 즉각 답례하기 어려운 예를 들고, 뒤에서 '답례는 필연적으로 지연된 시간을 요구한다'라는 결과를 제시하고 있다. 즉 앞의 내용을 근거로 뒤에서 결과를 제시하고 있으므로 '그러므로'가 들어가야 적절하다.
오답 풀이 ② 어차피(於此彼): 이렇게 하든지 저렇게 하든지. 또는 이렇게 되든지 저렇게 되든지
③ 오히려: 일반적인 기준이나 예상, 짐작, 기대와는 전혀 반대가 되거나 다르게 / 그럴 바에는 차라리

03 정답 ②
해설 6문단에 따르면, 선물을 받았는데 그 자리에서 답례하는 것은 '받기'를 거부하는 것처럼 보일 수 있는데, 4문단에 따르면, '받는 것을 거부'하는 것은 위험한 일이다. 따라서 불행한 결과를 막기 위해 초대장을 받자마자 답례를 해야 한다는 ②가 적절하지 않다.
오답 풀이 ① 4문단에서 (A)는 '엄격하게 의무적'이라 한 데서 알 수 있다.
③ 4문단에 따르면, 주는 것을 거부하는 것, 초대하는 것을 거부하는 것은 전쟁을 선언하는 것과 같다. 따라서 돌잔치에 초대받지 못한 이웃 사람은 추장의 행위(돌잔치에 초대하지 않음)를 추장의 전쟁 선포로 받아들였을 것이라 추측할 수 있다.
④ 3문단의 '3각형 구조'에 따르면, 선물을 받았으면 반드시 답례해야 한다. 따라서 추장의 돌잔치 초대장을 받은 사람이 답례를 하지 않으면 3각형 구조를 위반한 것이다.

04 요약 북미 원주민 부족들 간에 행해진 '포틀라치'는 누가 더 많은 선물을 주느냐를 겨루는 축제다. 이 축제에서 부의 낭비는 위세와 연관이 있어 자원을 소모할수록 오히려 특권을 안게 된다. 모스는 여기서 '주기 – 받기 – 답례'의 3각형 구조로 된 엄격한 규칙을 발견했다. 선물의 급부와 반대급부는 실은 엄격하게 의무적이어서 이를 소홀히 하면 불행한 결과를 초래한다는 것이다. 모스는 선물이 모든 사회의 공통 현상이며 사회의 작동 원리임을 깨달았다. 즉 선물에 대한 답례를 위해 지연된 시간이 신용의 기초이며, 현대의 사회 보장 제도도 여기서 유래한 것이다. 모스는 얼핏 경제적 현상처럼 보이는 선물 주고받기 행위에서, 적대적인 개인이나 집단 간에라도 평화의 관계가 형성된다는 정치적 의미를 찾는다.

16주 차

출전 윤시향, 〈에이젠슈테인의 충돌과 비약의 몽타주〉

01 정답 ④

해설 라에 따르면 한자는 두 개의 단순한 문자를 서로 결합하여 새로운 뜻을 창조한다. 이를 두고 에이젠슈테인은 '가장 단순하게 배열한 두 개의 상형 문자의 결합은 그들의 합이 아니라 곱으로 생각해야 한다'라고 하였다. 즉 숏이 서로 결합하여 나타난 의미는 숏끼리 합한 것보다 더 크다는 것이다.

오답 풀이 ① 나에서 쿨레쇼프는 상상력이 높지 않은 관객을 전제로 몽타주를 제작했다. 그러나 그가 관객의 상상력을 자극하기 위해 몽타주를 활용한다는 내용은 제시문에 나타나지 않는다. 관객의 상상력을 자극하기 위한 몽타주를 주장한 것은 에이젠슈테인이다.
② 관객이 몽타주를 이해할 수 있도록 이음매가 없이 눈에 띄지 않게 편집한 사람은 쿨레쇼프이다. 푸도프킨이 이음매가 없이 눈에 띄지 않게 몽타주를 편집했는지의 여부는 제시문에 나타나지 않는다.
③ 영화 제작에서 숏의 선택과 구성을 강조한 사람은 푸도프킨이다.

02 정답 ①

해설 ㉠ 쿨레쇼프는 몽타주를 주어진 재료를 창조적으로 변모시키는 것으로 보았지만, 그 변모가 일반 관객들이 이해하지 못할 정도로 난해하면 안 된다고 보았다는 문맥이다. 앞뒤가 상반되게 이어지고 있으므로 '그러나, 하지만'이 들어가야 적절하다.
㉡ 앞에는 관객들이 이해하지 못할 정도로 몽타주가 난해하면 안 된다는 내용이, 뒤에는 관객들이 이야기를 잘 따라갈 수 있도록 숏과 숏이 부드럽게 연결되어야 한다는 내용이 제시되어 있다. 뒤에서 앞의 내용을 구체적으로 설명하고 있으므로 '즉, 다시 말해'가 들어가야 적절하다.

03 정답 ②

해설 나에 따르면, 쿨레쇼프는 몽타주로 새로운 이미지를 창조하되 일반 관객이 이해할 정도로 난해하지 않아야 한다고 주장하며, 몽타주를 본격적으로 이론화하였다. 그러나 몽타주의 한계는 나타나지 않는다.

오답 풀이 ① 가의 '몽타주는 원래 ~ 건축 용어인데'에서 몽타주의 어원을 밝히고 있다. 또한 영화에서 의미가 전달되는 방법으로 숏과 숏의 결합을 제시하고 있다.
③ 다에서는 창조적인 영화 제작을 위한 몽타주 조각(숏)의 적당한 선택과 구성을 강조하고 있다. 또한 영화 제작자가 숏을 취사선택한다는 데에서 영화 제작자의 역할을 규정하고 있다.
④ 라의 '관객의 상상력을 자극하기 위해 ~ 관객을 창조적인 존재로 생각하여'에서 수동적 관객을 전제한 쿨레쇼프와 대비적인 에이젠슈테인의 견해가 드러난다. 또한 '예를 들면 ~ 창조하는 것이다'에서 한자의 제자 원리를 예로 들어 충돌 몽타주 개념을 설명하고 있다.

04 요약 영화에서 몽타주는 숏과 숏을 결합시켜 의미를 전달하는 것을 말한다. 쿨레쇼프는 새로운 이미지를 창조할 수 있는 몽타주 기법에 몰두했는데, 일반 관객이 몽타주를 이해할 수 있도록 숏과 숏이 부드럽게 연결되도록 하였다. 푸도프킨은 필수적이고 중요한 숏만을 선택하고 잘 연결함으로써 몽타주 조각은 주제를 선명히 부각할 수 있는 조형적 이미지가 되어야 한다고 보았다. 에이젠슈테인은 관객의 상상력을 자극하기 위해 급작스러운 전환 혹은 비약에 기초한 몽타주를 주장했다. 그는 두 개의 상형 문자의 결합으로 새로운 뜻을 창조하는 한자의 제자 원리를 통해 자신이 생각하는 충돌 몽타주 개념을 설명하였다.

17주 차

출전 이태형, 〈금성 '황산 구름'의 비밀〉, 《세계일보》(2017. 1. 19.)

01 <u>정답</u> (1) × (2) × (3) ×

<u>해설</u> (1) 2문단에 따르면, 1960년대 금성 탐사를 한 국가는 러시아이다. 그리고 이 금성 탐사에서 러시아는 박테리아 크기의 길고 작은 물질을 발견했는데, 당시에는 그 물질의 정체를 확인할 수 없었다.

(2) 4문단에 따르면, 약 30억 년 전 금성의 표면 온도는 평균 15도 정도이다. 5문단에 따르면, 10억 년 전 금성은 금성의 느린 자전 속도로 인해 생명체가 살 수 없는 지옥 같은 환경이 되었다. 한편 2문단에 따르면, 골디락스 존의 온도는 30~60도이다. 따라서 금성의 온도를 따지면 '10억 년 전 금성 표면, 현재 골디락스 존, 30억 년 전 금성 표면' 순으로 온도가 낮아진다.

(3) 마지막 문단의 '변화의 속도는 늦출 수 있어도 변화는 막을 수 없다'와 배치되는 진술이다.

02 <u>정답</u> ③

<u>해설</u> 앞에서는 생명체가 살 수 있었던 약 30억 년 전 금성의 환경을, 뒤에서는 생명체가 살 수 없게 된 금성의 환경을 제시하고 있다. 앞뒤 내용이 상반되어 있으므로 '하지만'이 들어가야 적절하다.

03 <u>정답</u> ③

<u>해설</u> 약 30억 년 전 금성은 생명체가 살 수 있는 환경이었지만 금성의 느린 자전(ⓓ) 속도 때문에 생명체가 살 수 없는 환경이 되었다. 현재 금성에서 지구와 환경이 매우 비슷한 골디락스 존의 구름층에는 상당량의 황산(ⓑ)이 존재하는데 이러한 황산으로부터 생명체를 보호해 줄 물질이 S8(ⓒ)이다. 또한 S8은 자외선(ⓐ)을 흡수하는 성질도 가지고 있기 때문에 금성의 구름층 속에 S8이 충분하다면 미생물(생명체)이 존재할 가능성이 그만큼 커진다. 따라서 금성에 생명체를 살 수 없도록 하는 ⓐ, ⓑ, ⓓ와 달리 ⓒ는 생명체의 존재 가능성을 높여 준다.

04 <u>요약</u> 금성의 대류권 중 50~60km의 높이에 존재하는 골디락스 존에는 생명체가 존재할 가능성이 있어 미국과 러시아는 금성에 대한 탐사를 준비하고 있다. 이 구름층에 황산으로부터 생명체를 보호하고 자외선을 흡수하는 S8이라는 물질이 충분히 있다면 미생물이 존재할 가능성이 커진다. 약 30억 년 전 금성은 원시 생명체가 비롯된 지구와 비슷한 환경이었지만, 느린 자전과 대기 속 이산화 탄소 농도로 인해 10억 년쯤 전엔 생명체가 살 수 없는 곳으로 변했다. 행성들의 환경은 오랜 세월 동안 계속 변하므로, 지구 환경도 영원하리란 보장이 없다. 지구에 오래 살려면 변화하는 환경에 적응하거나 그 변화를 늦추는 방법을 찾아야 한다.

18주 차

출전 김태, 〈나는 지금 꿈을 꾸고 있는가〉, 《서울신문》(2016. 11. 29.)

01 정답 ④
해설 마지막 문단에서, 글쓴이는 꿈을 '회복 가능한 정신 이상'에 빗대고 있다. 하지만 '정신 이상을 겪는 환자'에 대한 사회적 인식 전환의 필요성에 대한 내용은 제시문에 없다.
오답 풀이 ① 2문단의 "야간 수면에서는 ~ 꿈은 이 기간 동안 나타난다"에서 꿈은 렘수면 상태에서 나타난다고 하여 렘수면 상태와 꿈의 상관관계를 언급하고 있다.
② 2문단의 "렘수면은 전체 수면의 ~ 후반부에는 길게 나타난다"에서 전체 수면에서 렘수면이 차지하는 비중과 양상을 언급하고 있다.
③ 3문단에서 앨런 홉슨 교수는 꿈을 '정신증 또는 섬망이라고 진단'하여 정신 질환 증상의 일종으로 보고 있다.

02 정답 ①
해설 ㉠은 '하는 구실이나 작용을 함. 또는 그런 것'을 뜻하는 '機能(틀 기, 능할 능)'으로 써야 한다. '技能(재주 기, 능할 능)'은 '육체적, 정신적 작업을 정확하고 손쉽게 해 주는 기술상의 재능'을 뜻한다.
오답 풀이 ② 器官(그릇 기, 벼슬 관): 일정한 모양과 생리 기능을 가지고 있는 생물체의 부분
③ 刺戟(찌를 자, 갈래진 창 극): 어떠한 작용을 주어 감각이나 마음에 반응이 일어나게 함. 또는 그런 작용을 하는 사물
④ 抱負(안을 포, 짐질 부): 마음속에 지니고 있는, 미래에 대한 계획이나 희망

03 정답 ③
해설 (A)에 따르면, 꿈꾸는 동안 꿈꾸고 있다는 사실을 깨닫지 못하는 것은 자신의 정신 상태를 스스로 평가하지 못하는 조현병 증상과 유사하다. 때문에 자각몽을 유도 실험을 반복하면, 조현병 환자의 자각을 도와 조현병 증상이 완화될 가능성이 있다.
오답 풀이 ① (A)에 따르면, 자각몽 유도 실험에서는 '렘수면이 2분 지속된 시점'에 전두엽과 측두엽을 자극한다. 즉 피험자가 렘수면에 진입해야 실험이 진행될 수 있다.
② (A)의 '자각몽을 증가시킬 수 있는 방법이 존재한다면 ~ 불안 장애'와 같은 정신 질환 치료에 적용할 가능성이 존재한다'와 배치된다.
④ (A)의 '이런 현상(자각몽)을 자주 겪는 사람은 전두엽, 측두엽의 일부 뇌 구조가 발달해 ~'에 따르면, 자각몽 경험이 없는 피험자는 자각몽을 자주 겪는 사람보다 전두엽과 측두엽의 일부 뇌 구조가 덜 발달했을 가능성이 높다.

04 요약 우리가 자면서 꾸는 꿈에 대해 더 알게 된다면 뇌 기능을 더 잘 이해할 수 있지 않을까. 꿈을 꾸게 되는 '렘수면' 상태에서 우리의 뇌파는 깨어 있는 상태와 비슷하다. 상식을 넘어선 일들이 꿈에선 자연스럽게 받아들여진다는 점에서 꿈은 '정신증'으로 볼 만하다는 주장이 제기됐다. 또한 렘수면 상태에서 '자각몽'을 인위적으로 유도한 실험 결과도 보고됐다. 이러한 연구 결과는 '조현병' 증상의 자각을 돕는 방법을 개발하거나, 자각몽을 증가시키는 방법을 여타의 정신 질환 치료에도 적용할 가능성이 존재함을 의미한다. 회복 가능한 '정신 이상'인 꿈은 암울한 현실을 극복하고 더 나은 미래를 그려 볼 단초를 제공한다.

출전 김영식, 〈과학 혁명과 인간의 자아 발견〉

01 정답 ②

해설 3문단에 따르면, 상대성 이론보다 조금 후에 나타난 양자 역학이 불확정성의 원리를 통해 결정론적 자연관에 크고 심오한 타격을 주었다.

오답 풀이 ① 1문단에 따르면, 근대적 자연관에 바탕한 과학의 성공은 18세기 사람들에게 인간의 이성과 능력에 대한 자신감을 불러일으켰고, 이는 18세기 계몽 사조의 가장 중요한 요소를 이루었다.
③ 1~2문단에 따르면, 결정론적인 자연관은 근대적 자연관과 마찬가지로 인간 능력에 대한 무한한 신뢰를 가지고 있었다. 따라서 결정론적인 자연관은 이성과 무관한 미신에 대한 믿음, 인간 중심의 편견을 부정했다.
④ 마지막 문단의 '현대 물리학은 인간의 능력의 한계, 절대적인 것에 대한 믿음의 타파, 비결정론적 경향 같은 것들 — 우리가 현대인, 현대 사조들의 특성으로 흔히 드는 요소들 — 의 수용을 쉽게 한 것이다'에서 알 수 있다.

02 정답 ①

해설 ㉠ 앞뒤 모두 결정론적 자연관의 성격과 그것이 미친 영향에 대해 설명하고 있으므로 '그리고'가 들어가야 적절하다.
㉡ 결정론적 자연관에 타격을 준 현대 물리학(상대성 이론, 양자 역학)에 대한 내용이 순차적으로 이어지므로 '그리고'가 들어가야 적절하다.

03 정답 ④

해설 ⓐ에 대한 ⓑ의 비판이므로 ⓑ의 관점이 제시되어야 한다. 3문단의 ⓑ '현대 물리학' 중 양자 역학에 따르면, 자연 세계 안에 불확정성이 내재해 있기 때문에 자연 세계의 여러 양들을 정확하게 측정할 수 없다. '인간의 불확정성'은 나타나 있지 않다.

오답 풀이 ① 2문단에 따르면, 뉴턴 역학은 그 내용과 방법 자체에 결정론적인 성격, 즉 자연 세계의 어느 시점의 조건만 알면 인간의 능력으로 자연의 모든 시점의 조건을 알 수 있다는 자신감을 가지게 하였다. 반면 ⓑ는, 자연은 불확정성이 있고 인간의 능력은 한계가 있기 때문에 자연을 정확히 측정하는 것은 불가능하다고 주장한다. 따라서 ⓑ는 ⓐ에 대해 자연의 확률 값만을 추측하는 것뿐이라고 비판할 것이다.
② 3문단에 따르면, ⓑ에 속하는 상대성 이론에서는 절대 공간, 절대 시간 등의 개념이 존재할 수 없음을 지적했다. 따라서 ②는 ⓐ에 대한 ⓑ의 비판으로 적절하다.
③ ⓐ는 인간의 능력에 대한 자신감을 가지고 있다. 반면 마지막 문단에 따르면, ⓑ는 인간 능력에 한계가 있음을 수용했다. 따라서 ③은 ⓐ에 대한 ⓑ의 비판으로 적절하다.

04 요약 근대적 자연관에 바탕한 과학 분야들의 성공은 인간의 이성과 능력에 대한 자신감과 낙관적 믿음을 불러일으켰다. 이러한 경향은 근대적 자연관이 결정론적 자연관으로 발전하는 데 크게 기여했다. 그러나 20세기 초에 성립된 현대 물리학은 결정론적 과학의 한계, 즉 인간 능력에 한계가 있음을 보여 주었다. 상대성 이론은 절대 공간, 절대 시간 등의 개념이 존재할 수 없음을 지적해 주었고 양자 역학은 불확정성의 원리를 통해 인간이 자연 세계의 여러 양들을 완전히 정확하게 측정할 수 없음을 이야기하였다. 이렇듯 현대 물리학은 인간의 능력에 대한 자신감에 큰 타격을 주었으며 철학적 문제들에도 깊은 영향을 미쳐 '인간의 능력의 한계, 절대적인 것에 대한 믿음의 타파, 비결정론적 경향' 등을 현대인들로 하여금 쉽게 수용하게 하였다.

출전 주광렬, 〈생명이란 무엇인가〉

01 정답 ①

해설 3·마지막 문단에 따르면, DNA는 생물체 내의 유전 인자이고 유전은 스스로 복제하는 능력이다. 따라서 DNA(=유전 인자)는 생물의 자기 복제를 가능케 한다.

오답풀이 ② 2문단에 따르면, 고대로부터 철학자들은 생명의 본질에 대한 정의를 내렸으나 그 관점이 추상적이고 단편적이어서, 누구나 받아들일 수 있는 근거가 희박하였다. 따라서 고대의 철학자들이 생명에 대한 보편적 정의를 정립했다는 설명은 적절하지 않다.

③ 마지막 문단에 따르면, DNA의 구조가 밝혀진 후 분자 생물학은 급격히 발전하여 유전 인자가 유전 '정보를 어떻게 전달하는지'와 같은 유전 현상은 대부분 의문이 풀렸다.

④ 마지막 문단에 따르면, 분자 생물학이 급속히 발전하여 유전 정보 자체를 인공적으로 변환시킬 수 있게 되었다. 그러나 분자 생물학의 발전으로 완전히 새로운 생명체를 창조할 수 있게 되었다는 내용은 나오지 않는다.

02 정답 ④

해설 ㉠ 앞에는 그동안 생명체에 대한 정의는 누구나 받아들일 수 있는 논리적 근거가 희박하다는 내용이, 뒤에는 누구나 받아들일 수 있는 생명체의 보편적 성질을 '생명의 본질'로 규정하는 것이 타당하다는 내용이 제시되어 있다. 즉 앞의 내용은 뒤의 내용의 근거이다.

㉡ 스스로 복제할 수 있는 능력이 생명체의 공통되는 성질이므로 '유전'을 생명의 본질이라고 정의한다는 문맥이다.

㉠, ㉡ 모두 앞의 내용을 근거로 뒤의 내용을 이끌어 내고 있으므로 '따라서, 그래서' 등이 들어가야 적절하다.

03 정답 ①

해설 ①~④는 생명체이거나 생명체가 아닌 것으로 구분할 수 있다. 3문단에 따르면, '살아 있다'의 특성으로는 '움직인다, 숨을 쉰다, 번식하는 능력이 있다'를 들 수 있다. 그러나 '전기로 움직이는 장난감 인형'과 같이 움직인다고 해서 모두 생명체라고 볼 수는 없으므로 '살아 있는 것은 움직인다'라는 정의는 보편성이 없다. 따라서 '전기로 움직이는 장난감 인형'은 생물체가 아니다.

오답풀이 ② '스스로 복제할 수 있는 능력'은 생명체의 공통되는 성질이라고 했으므로 '스스로 복제하는 줄기세포'는 생명체라고 볼 수 있다.

③ '박테리아나 미생물은 숨을 쉬지 않으나 생물체의 일종'이므로 '숨을 쉬지 않는 박테리아'는 생명체이다.

④ '불임의 노새는 번식력이 없으므로 죽었다고 말할 수는 없을 것'이므로 '번식력이 없는 늙은 노새'는 생명체이다.

04 요약 '살아 있다'의 정의를 내리기 위해서는 '생명체'의 여러 특성을 나열한 후, 이들 중 가장 보편적으로 적용이 가능한 성질을 '생명의 본질'이라고 받아들이는 것이 타당하다. 이를 바탕으로 할 때, 생명체는 대개 '움직이고', '숨을 쉬며', '비슷한 종류의 자손을 만들어 번식하는 능력이 있다'. 이 중 생명체에 적용할 수 있는 가장 보편적인 성질은 '비슷한 종류의 자손을 만들어 번식하는 성질이 있다'이다. 이에 따라 '스스로 복제하는 능력', 즉 '유전'을 생명의 본질이라고 정의하고 생명체는 '유전된다'라고 받아들이기로 한다. 이러한 정의에 따라 생명체를 유전되도록 만드는 인자, 즉 유전 인자의 정체를 알아내려는 연구들이 진행되었고, 1953년에 생물체 내의 유전 인자인 DNA라는 핵산의 구조와 그 기능이 자세히 밝혀졌다. 그리고 30년이 지난 후에는 유전 현상에 관한 대부분의 의문이 풀렸고, 이제는 유전 정보 자체를 인공적으로 변환시킬 수 있는 경지에까지 도달했다.

21주 차

출전 우찬제, 〈공평한 관찰자와 보이지 않는 손〉, 《경향신문》(2017. 6. 5.)

01 <mark>정답</mark> ③

<mark>해설</mark> 3문단에 따르면, 개인이 자기 안에서 발견·육성해야 할 '공평한 관찰자'는 우리의 행동, 즉 자기 자신의 행동을 '타인의 행동을 볼 때와 마찬가지로 이해관계가 없이 고찰'하는 것을 뜻한다. 즉 공평한 관찰자는 타인의 행동이 아니라 자신의 행동을 고찰하여 자신의 이기적이고 일반적인 판단을 제고하게 한다.

<mark>오답 풀이</mark> ① 2문단의, '역지사지의 불충분함을 시인하고 더 충실한 입장의 교환을 상상하는 것이 ~ 중요하다고 스미스는 강조한다'에서 알 수 있다.

② 1문단의, "그것(자기 이익의 추구)은 사회 전체의 ~ 인도하기 때문이다"에서 알 수 있다.

④ 마지막 문단의, "그것(공평한 관찰자)이 실종되면 긍정적 맥락의 보이지 않는 손에 의해 품격 있고 조화롭게 성장할 수 있는 사회적 가능성도 아득해지지 않을까"에서 알 수 있다.

02 <mark>정답</mark> ③

<mark>해설</mark> ⓐ 앞에서는 자기 이익을 추구하려는 인간의 이기적 경향을, ⓐ 뒤에서는 자기 이익을 추구하는 것이 사회 전체의 이익과 조화를 이룬다는 내용을 제시하고 있다. 즉 자기 이익을 추구하려는 것이 정반대로 사회 전체의 이익과 조화를 이루게 된다는 것이므로 앞뒤 내용이 상반될 때 쓰는 접속 부사 '그러나'가 들어가야 적절하다.

<mark>오답 풀이</mark> ④ 심지어(甚至於): 더욱 심하다 못하여 나중에는

03 <mark>정답</mark> ②

<mark>해설</mark> 〈보기〉에서는, 공감은 상상에 불과하기 때문에 타인의 감정과 완전히 일치할 수 없음을 설명하고 있다. ⓒ의 앞 문장에는 타인의 감정과 조화를 이루기 위해 공감하는 인간이 제시되어 있다. 또한 ⓒ의 뒤 문장에는 "타인의 공감은 늘 미미한 수준에 그친다"라는 스미스의 주장이 제시되어 있다. 따라서 '그럼에도'로 시작하여 타인과의 감정 일치가 어렵다고 설명하는 〈보기〉는 ⓒ에 들어가야 적절하다.

*역지사지(易地思之): 처지를 바꾸어서 생각하여 봄.

<mark>오답 풀이</mark> ① ㉠의 앞뒤 모두 타인과 공감하는 인간을 제시하고 있으므로 〈보기〉가 들어갈 수 없다.

③ ㉢의 앞에서는 역지사지의 진정성을 강조한 스미스의 주장을, 뒤에서는 진정성을 지닌 역지사지의 태도를 설명하고 있으므로 앞뒤 문장이 자연스럽게 이어지고 있다. 따라서 〈보기〉가 ㉢에 들어가는 것은 부자연스럽다.

④ ㉣ 뒤는 "물론 그렇게 노력해도 두 사람의 감정이 완전히 일치할 수는 없다"이므로 역지사지의 마음으로 공감해도 타인의 감정에 완전히 공감하기는 어렵다는 〈보기〉가 ㉣에 들어가는 것은 자연스럽지 않다.

04 <mark>요약</mark> 스미스가 보기에 개인의 사적 이익 추구와 사회 전체의 이익의 조화 가능성의 기초는 '공감' 능력이다. 그는 개인 각자의 이기성과 공감의 불충분함을 시인하고 보다 충실한 입장의 교환을 상상하기 위해 '공평한 관찰자'를 발견·육성할 필요가 있다고 본다. 자기 안의 '공평한 관찰자'를 잘 작동하면 개인은 자기 이해와 무관한 인물의 눈앞에서 행위할 때처럼 자신의 판단과 행위의 적정성을 제고하면서 사회적 조화를 이룰 수 있다. 인간으로서의 품위와 적정성을 유지하고 다양한 감정과 정념의 조화를 창출할 수 있는 '공평한 관찰자'가 실종된다면 우리 사회의 품격 있고 조화로운 성장 가능성은 멀어질 것이다.

22주 차

출전 고미숙, 《열하일기, 웃음과 역설의 유쾌한 시공간》

01 **정답** ②

해설 3문단에 따르면, 고문은 중국 고대에 완성된 문장이기 때문에 '지금, 여기', 즉 당대 조선의 현실을 돌아보지 못하게 만드는 장치이다. 따라서 고문이 당대 현실을 성찰하게 만드는 사유 체계로 기능했다는 것은 제시문의 내용과 일치하지 않는다.

오답 풀이 ① 마지막 문단에서, 고문은 상투적 문체이고, 소품문은 기지와 창의성이 필요한 독창적 문체임을 알 수 있다. 정조는 소품문 등이 고문에 어긋나 국가 체제를 흔든다고 생각하여 배척하였고, 박지원은 '어설프게 고문을 본뜨지 말고 지금 눈앞에 펼쳐지는 삼라만상과 우리 것에 눈 뜨'자고 주장하며 소품문을 즐겨 썼다. 즉 정조는 고문을 중시하고 박지원은 소품문을 지향한 것이다.
③ 1문단의, 대학에서 학위를 받기 위해서는 대학이 부과하는 규범화된 언어 형식인 논문이라는 표현 형식을 습득해야 한다는 내용에서 알 수 있다.
④ 마지막 문단의 '소품문은 고문이 지닌 불필요한 긴 호흡을 ~ 중세적 사유 외부에 있는 사물들에게 관심을 보였던 것이다'에서 알 수 있다.

02 **정답** ④

해설 ㉠ 앞에는 논문이라는 표현 형식을 모든 구성원에서 부과했다는 내용이, 뒤에는 학위를 받기 위해서는 대학이 부과한 언어 형식을 습득해야 한다는 내용이 제시되어 있다. 앞뒤 문장은 인과 관계로 이어지고 있으므로 '그래서, 그러므로'가 들어가야 적절하다.
㉡ 앞뒤 문단에서 모두 문체에 대한 정조의 생각을 설명하고 있으므로 동일 범주의 내용을 이어 주는 '또한, 그리고'가 들어가야 적절하다.
㉢ 앞에는 정조가 생각한 고문의 중요성을, 뒤에는 고문의 폐해를 제시하고 있다. 앞뒤 내용이 상반되게 이어지고 있으므로 '하지만, 그러나'가 들어가야 적절하다.

03 **정답** ③

해설 1~2 문단에 정조가 생각한 새로운 문체(소품문의 문체)의 문제점이 제시되어 있지만, 소품문의 문체를 극복할 수 있는 방법은 나타나지 않는다.

오답 풀이 ① 2문단의 "육경의 문장과 사마천과 반고로 ~ 팔대가의 문장이 바로 거기에 해당된다"에서 확인할 수 있다.
② 마지막 문단의 "눈앞의 일 속에 참된 정취 있거늘 / 어쩌자고 머나먼 옛날에서 찾는가"에서 확인할 수 있다. 즉 연암은 소품문을 통해 참된 정취를 파악할 목적으로 소품문을 즐겨 썼다.
④ 1문단에 따르면, 정조는 중국 서적에 담긴 문체가 고문에서 어긋나 국가 체제를 흔든다고 보았기 때문에 중국 서적 금지령을 내렸다.

04 **요약** 정조는 문체를 당대의 사유 체계로 인식했으며 문체가 지식인을 길들이고 국가 체제를 유지시킨다고 생각했다. 그래서 경학의 고문과는 전혀 다른 소품문, 소설, 고증학 등이 유행하자 정조는 이를 배척했다. 새로운 문체가 유행했다는 것은 새로운 삶과 사유로 무장한 신지식인들의 출현을 의미하는데, 박지원, 이덕무, 이옥, 박제가 등이 그들이다. 소품문은 고문의 불필요한 긴 호흡을 제거하고 중세적 사유에서 벗어나게 함으로써 기존의 중심적 가치를 뒤집고, 중세적 사유 외부에 있는 사물들에 관심을 보였다.

출전 도정일, 〈사회는 어느 때 실패하는가〉, 《한겨레신문》(2005. 8. 25.)

01 **정답** (1) × (2) ○ (3) ○

해설 (1) 3문단에 "그 실패조차도 따져 보면 상상력을 억눌러 죽이기로 '선택한' 사회의 실패일 때가 많다"라는 진술이 있다. 즉 글쓴이는 문제의 발생 가능성을 예상하지 못해서 발생하는 실패 역시 그 사회가 선택한 것이므로 '비고의적 실패'라고 볼 수 없다는 입장을 취하고 있다.

(2) 2문단에 따르면, '불충분성에 의한 실패'는 문제를 알고 해결하고자 하면서도 비용의 핑계를 대거나, 쥐꼬리만 한 해결책만 내놓다가 해결할 수 있는 시기를 놓쳐 버리는 것을 의미한다. 4문단에 따르면, 지금 우리 사회는 문제를 알면서도 제때에 해결책을 동원하지 못하는 안일성과 무능한 상황을 보이고 있다. 즉 문제를 해결하고자 하면서도 안일함과 무능함으로 해결 시기를 놓쳐 버리고 있으므로, '불충분성에 의한 실패'를 선택하고 있는 것이다.

(3) 5문단에서 알 수 있다. 즉 글쓴이는 "경제를 살려야 한다"라는 구호 아래 벌어진 재벌 기업과 권력, 언론과 법조 등의 행태를 보면 정작 이 구호는 '경제 살리기'와는 아무 관계가 없으며, 오히려 경제를 살리기 위해 척결해야 할 부패한 관행들을 키워 주기 위해 이 구호로 국민들을 속여 왔다고 말하고 있다.

02 **정답** ③

해설 ㉠ 앞에서는 사회의 실패를 '비고의적 실패'라고 여기는 통념을, 뒤에서는 실패를 선택한 것이기 때문에 비고의적 실패라고 볼 수 없음을 이야기하고 있다.

㉡ 앞에는 문제 발생의 가능성을 예상하지 못하는 데서 발생하는 실패는 인간 능력의 일반적 한계와 관련된다는 내용이 제시되어 있다. 반면 뒤에는 이 실패 역시 사회와 관련되어 있다는 내용이 제시되어 있다.

㉢ 앞에는 '경제를 살려야 한다'라는 구호의 문제점을 사회가 감지하지 못하고 있다는 내용을, 뒤에는 그 구호에 담긴 문제점을 제시하고 있다.

정리하면, ㉠~㉢은 모두 앞뒤 내용이 상반되게 이어지고 있으므로 '그러나'가 들어가야 적절하다.

03 **정답** ①

해설 4문단에서 글쓴이는 다이아몬드가 제시한 실패의 범주들이 나타나는 우리 사회를 비판하고 있다. 우리 사회에 나타나는 모습은 '문제의 발생 가능성을 예상하지 못하는 것, 문제가 발생했지만 그것을 문제로 인식하지 못하는 것, 문제는 발견했지만 의지력이 부족해 해결에 나서지 않는 것, 문제를 알면서도 제때에 해결책을 동원하지 못하는 것'이다. 그러나 '矯角殺牛(교각살우)'는 우리 사회가 선택한 실패의 범주와는 관련성이 없다.

***矯角殺牛**(바로잡을 교, 뿔 각, 죽일 살, 소 우): 잘못된 점을 고치려다가 그 방법이나 정도가 지나쳐 오히려 일을 그르침을 이르는 말

오답 풀이 ② **晩時之歎(嘆)**(늦을 만, 때 시, 갈 지, 탄식할 탄): 시기에 늦어 기회를 놓쳤음을 안타까워하는 탄식. '문제를 알면서도 제때에 해결책을 동원하지 못하는 것'에 해당한다.

③ **優柔不斷**(넉넉할 우, 부드러울 유, 아닌가 부, 끊을 단): 어물어물 망설이기만 하고 결단성이 없음. '문제는 발견했지만 의지력이 부족해 해결에 나서지 않는 것'에 해당한다.

④ **靑天霹靂**[푸를 청, 하늘 천, 벼락 벽, 벼락 력(역)]: 맑게 갠 하늘에서 치는 날벼락이라는 뜻으로, 뜻밖에 일어난 큰 변고나 사건을 비유적으로 이르는 말. '문제의 발생 가능성을 예상하지 못하는 것'에 해당한다.

04 **요약** 다이아몬드에 의하면, 사회는, 문제의 발생 가능성을 예상하지 못하는 상상력의 실패, 문제가 발생했음에도 불구하고 그것을 문제로 감지하지 못하는 인식의 실패, 문제는 발견했지만 의지 부족으로 해결에 나서지 못하는 실패(의지의 결여), 문제를 알면서도 제때에 해결책을 동원하지 못하는 실패(불충분성) 등을 선택함으로써 망하게 된다. 그런데 지금 우리 사회는 네 가지 범주의 실패를 모두 선택하고 있다. 가장 치명적인 것은 사회 자체가 실패의 가능성을 보지 않기로 선택하고 있다는 것이다. "경제를 살려야 한다"라는 썩은 구호를 계속 방치하는 것이야말로 사회가 망하기로 작정하는 가장 확실한 실패의 선택이다. 우리 사회가 망하지 않기 위해서는 무엇보다도 "우리는 실패를 선택하고 있지 않은가?"라는 질문을, 우리 자신에게 던져 보아야 한다.

24주 차

출전 강남순, 〈'분노'를 배워야 하는 이유〉, 《한국일보》(2015. 10. 6.)

01 **정답** ④

해설 마지막 문단에서 글쓴이는 '성찰적 분노'는 '불의한 일을 한 개인이나 집단'에 대한 처벌과 개선의 효과가 있다고 했다. 하지만 그것이 그들에게 관용을 베푸는 의미까지 있다고 본 것은 아니다. 다만 그것은 다른 이들(불의를 저지르지 않은 이들)도 그러한 불의를 범하지 않게 '서로를 보호하는' 의미가 있다고 했을 뿐이다.

오답 풀이 ① 1문단에 따르면, 한국과 같이 공동체의 조화를 중시하는 사회에서는 '분노'의 감정이 공동체의 조화와 대치되는 부정적 감정으로 치부된다.

② 5문단의 '파괴적 분노는 ~ 그 사람의 존재 자체를 맹목적으로 부정하고 증오'에서 알 수 있다.

③ 7문단에 따르면, 소셜 미디어가 일상화된 현대 세계에서는 어떤 사람을 악마화하고 증오하는 파괴적 분노가 손쉽게 퍼진다.

02 **정답** ③

해설 앞에서는 '폭력과 차별과 부당한 대우의 피해자들과 연대하는 것'이 가져오는 긍정적 효과를 제시하고 있다. 반면 뒤에서는 성찰적 분노와 파괴적 분노를 분리하지 못한 채 연대할 때 발생할 수 있는 문제를 제시하고 있다. 따라서 ⓐ에는 앞의 내용과 상반되는 내용을 이끌 때 쓰는 '그런데'가 들어가야 적절하다.

오답 풀이 ② 하물며: 그도 그러한데 더욱이. 앞의 사실이 그러하다면 뒤의 사실은 말할 것도 없다는 뜻의 접속 부사

03 **정답** ④

해설 5문단에 따르면, ㉢ '파괴적 분노'는 '본능적 분노나 성찰적 분노가 지나칠 때 증오, 원한, 복수심으로 전이된 분노'이다. 즉 ㉠ '본능적 분노'와 ㉡ '성찰적 분노'가 지나치면 ㉢으로 바뀔 수 있다.

오답 풀이 ① 3문단에 따르면, ㉠은 인간의 자기 보호 본능에서 유발되며, 윤리적 성찰이 개입되기 이전의 분노이다. 반면 4문단에 따르면, ㉡은 '어떠한 사건이나 행위에 대하여 ~ 그 분석에 따른 윤리적 판단이 반영'되는 분노이다. 따라서 ㉠은 윤리적 판단이 개입되지 않은 분노이고, ㉡은 개입된 분노이다.

② 8~마지막 문단에 따르면, ㉡은 개인과 사회에 주는 중요한 이득이 있기 때문에 지속적으로 배워야 하는 분노이다. 반면 7문단에 따르면, ㉢은 '타자는 물론 자신의 인간됨까지 파괴하는 독성을 지닌 분노'이다.

③ ㉠은 자신에게 가해진 어떤 외적 위협에 자기를 보호할 본능으로 인해 즉각적으로 나타나는 분노이므로 쉽게 구분할 수가 있다. 반면 5문단에 따르면, ㉡과 ㉢은 '부당한 행위' 혹은 부당한 행위를 한 '행위자'에 대한 분노이기 때문에 혼동하는 경우가 종종 있다.

04 **요약** '분노'라는 개념은 매우 부정적으로 여겨지지만, 상이한 분노들을 하나로 묶어 부정적으로 보는 것은 위험하다. 먼저 '본능적 분노'는 자신에게 가해진 외적 위협에 대해 자기 보호 본능에서 즉각적으로 유발되는 분노이다. 이에 비해 '성찰적 분노'는 잘못된 행위에 대한 분석에 근거해 윤리적 판단이 반영되는 분노다. 나아가 이 두 분노가 지나쳐 증오·원한·복수심으로 전이된 것이 '파괴적 분노'다. 그런데 불의나 불평등의 피해자들과 연대하는 이들이 종종 성찰적 분노와 파괴적 분노를 분리하지 못해, 부당한 행위 자체에 대한 윤리적 분노가 그 행위자에 대한 '악마화'와 극단적 증오로 탈바꿈하는 경우가 많다. 우리가 지속적으로 배워야 할 분노는 성찰적 분노다. 이것을 배우면 폭력적 상황에서 개인들을 보호하고 자기 존중감을 유지하게 하며, 공적인 문제 제기와 항의를 통해 '정의의 집행'이 가능하게 한다는 중요한 이득이 있다.

25주 차

출전 전승준, 〈공기로 만드는 금속, 현실이 될까〉, 《세계일보》(2017. 2. 23.)

01 정답 ③

해설 4문단에서는 상온에서 작동하는 초전도체가 상용화되었을 때 미래에 실현 가능해지는 일들(자기 부상 열차의 일상화, 에너지 문제의 해소 등)을 언급하고 있다. 이때 '상온(常溫)'은 '가열하거나 냉각하지 않은 자연 그대로의 기온'을 뜻하며, 고온 초전도체에 대한 설명은 나오지 않으므로 ③이 정답이다.

오답 풀이 ① 2~3문단에, 1930년대와 1960년대에 진행된 '금속성 수소' 연구 진전 과정(논문 발표 → 기기 발명과 연구 결과)이 제시되어 있다. 또한 마지막 문단에서, 금속성 수소 연구의 산업화 가능성은 아직 미지수이지만 수십 년 이내 대중화될 수도 있다고 예측하고 있다.

② 1문단에 따르면, 수소를 포함한 모든 기체는 온도가 내려가고 압력이 올라가면 결국은 고체로 변한다. 또한 2문단에 따르면, 350만 기압인 지구 중심부 압력에 가깝게 도달하면 수소도 금속성을 가지는 고체가 될 것이라는 논문이 발표되었다. 따라서 수소가 금속성 고체로 바뀌기 위해서는 낮은 온도와 높은 압력이라는 조건을 갖춰야 함을 알 수 있다.

④ 5문단의 "철은 수천 년에 걸쳐 대중화됐지만 ~ 불과 100년 만에 세상을 바꿨다"에서 알 수 있다.

02 정답 ④

해설 ㉠ 수소가 고압 상태에서 금속성 성질을 띠게 되리라는 이론적 예측은 있었지만, 그것을 실제로 증명할 기기는 없었다는 문맥이다. 따라서 앞뒤 내용이 상반될 때 쓰는 '그러나'가 들어가야 적절하다.

㉡ 앞에는 높은 압력을 발생시킬 수 있는 기기가 만들어졌다는 내용이, 뒤에는 고압 상태의 수소에 관한 연구 결과가 많이 발표되었다는 내용이 제시되어 있다. 앞뒤 모두 금속성 수소 연구를 위한 1960년대의 상황과 관련된 내용이므로 '또한, 그리고'가 들어가야 적절하다.

03 정답 ③

해설 4문단에 따르면, 현재 특수 물질로 만든 초전도체는 영하 260도 정도의 매우 낮은 온도에서만 초전도체가 되기 때문에 일부 고가의 의료 기기에만 사용된다.

오답 풀이 ① 3문단에 따르면, 금속성 수소는 만들어지면 상온에서 초전도 현상을 보이는 양자 고체가 될 뿐만 아니라 압력을 낮춰 1기압으로 돌아오더라도 안정한 상태로 유지하는 준안정 상태가 될 것이라고 예측했다. 따라서 한번 만들어진 금속성 수소가 불안정하다는 설명은 적절하지 않다.

② 5문단에 따르면, 철은 200~300년이 아니라 수천 년에 걸쳐 대중화되었다.

④ 2~3문단에 따르면, 유진 위그너와 힐러드 헌팅턴은 수소도 높은 압력에서 금속성을 가지는 고체가 될 것이라는 논문을 발표했지만, 1930년대 당시에는 고압 발생 기기가 없어 이를 증명할 수 없었다. 1960년대가 되면서 다이아몬드 앤빌 셀이라는 기기가 만들어졌지만, 이를 유진 위그너와 힐러드 헌팅턴이 만들었다는 설명은 제시문을 통해 알 수 없다.

04 요약 기체는 온도가 내려가고 압력이 올라가면 액체가 되고 결국 고체로 변하며, 부도체인 고체도 압력이 높아지면 금속성 도체로 바뀐다. 1930년대에 수소가 고압에 도달하면 금속성 도체가 되리라는 논문이 나왔고, 1960년대에 금속성 수소가 만들어지면 상온에서 초전도 현상을 보이고 압력을 낮추더라도 준안정 상태가 되리라는 예측이 나왔다. 상온에서 작동하는 초전도체가 상용화될 수 있다면 자기 부상 열차도 일상화되고 에너지 문제도 거의 해소될 것이다. 인류 역사에서 철과 같은 금속 재료는 현재의 문명을 만든 가장 중요한 재료였고, 플라스틱 등 고분자 재료는 그보다 훨씬 빨리 세상을 바꿨다. 금속성 수소도 아직 산업화 가능성은 미지수이지만, 수십 년 이내에 대중화되어 세상을 바꾸는 재료가 될지도 모른다.

26주 차

출전 곽차섭, 〈철학자 마키아벨리〉, 《부산일보》(2016. 11. 29.)

01 **정답** (1) × (2) ○ (3) ×

해설 (1) 1문단에 따르면, 마키아벨리를 '철학자'로 부르는 일이 거의 없는 것은 철학을 전문적인 학문 분야로 보는 철학에 대한 주류적 정의 때문이다. 또한 글쓴이는 마키아벨리의 주저들이 '권력과 정치의 본질에 대한 깊은 정치 철학적 함의를 담고 있'다는 단서를 달고 있다. 따라서 그의 주저에 철학적 함의가 부족했기 때문에 그가 '철학자'로 거의 불리지 않는 것은 아니다.

(2) 2문단에 따르면, 글쓴이는 '철학'이라는 말이 '이성을 통한 모든 종류의 성찰과 고구를 포용하는 넓은 의미로 사용되어야 마땅'하다고 본다. 그리고 '마키아벨리가 거의 언제나, 일반적인 주장과 견해에 대해 ~ 자신의 이성과 관점을 통해 재사유하는' 경향이 있었음을 언급한다. 이에 따라서 글쓴이는 마키아벨리를 '철학자'로 불러 마땅하다고 보고 있다.

(3) 마지막 문단에 따르면, 18세기 프랑스 계몽사상가들은 스스로를 '필로조프'로 불렀다. 따라서 대중으로부터 '필로조프(철학자)'라는 명칭을 얻은 것은 아니다.

02 **정답** ②

해설 ㉠ 앞에는 필로소피아를 전문적 철학자로 이해하는 방식이, 뒤에는 전문적 학문 분야로서의 철학으로만 필로소피아를 한정하는 것은 아집이라는 내용이 제시되어 있다. 따라서 서로 일치하지 않거나 상반되는 사실을 나타내는 두 문장을 이어 줄 때 쓰는 '하지만, 그러나'가 들어가야 적절하다.

㉡ 자신의 이성과 관점을 통한 재사유로 일반적 주장과 견해에 거스르는 경향을 갖게 된 것이므로 앞의 내용은 뒤의 내용을 도출한 근거이다. 따라서 '그래서'가 들어가야 적절하다.

03 **정답** ①

해설 1문단에는 마키아벨리가 전문적 철학자의 방식으로 근원적 질문에 답변하지 않았기 때문에 필로소피아가 아니라는 견해가, 2문단에는 필로소피아를 넓은 의미로 사용할 때 마키아벨리를 필로소피아로 볼 수 있다는 글쓴이의 견해가 나와 있다. 상호 대립된 견해를 제시하고 있지만 이 둘의 견해를 종합하고 있지는 않다.

오답 풀이 ② 2문단에서, '필로소피아'의 본래 정의인 '앎에 대한 사랑'을 바탕으로 필로소피아를 주류적 정의로만 파악하여 마키아벨리를 철학자로 보지 않는다는 통념을 반박하고 있다.

③ 2문단에서 마키아벨리가 친구들에게 '비차로'(괴짜)와 '필로소포'로 불렸다는 일화를 제시하여 마키아벨리가 철학자라는 주장을 뒷받침하고 있다.

④ 마지막 문단에서 '공적 문제에 더 많은 관심을 가진 지식인'이라는 뜻으로 '철학자'라고 명명된 18세기 프랑스 계몽사상가들의 예시를 들고 있다. 이를 통해 직업적이고 전문적인 철학자 외에 '철학자'의 다양한 의미를 제시하고 있다.

04 **요약** 마키아벨리는 권력과 정치의 본질에 대한 깊은 정치 철학적 함의가 담긴 주저를 남겼으나, '철학'에 대한 주류적 정의상 전문적 의미의 '철학자'로 불리진 않는다. 하지만 필로소피아의 '앎에 대한 사랑'이라는 원의로 보면 '철학'은 이성을 통한 모든 종류의 성찰과 고구를 포괄하는 넓은 의미로 쓰여야 하고, 실제 그랬던 경우도 적진 않다. 괴짜 면모가 있다고 할 만큼 일반적인 주장과 견해에 대해 자신의 이성과 관점을 통해 재사유하며 그에 거스르는 경향을 가졌던 마키아벨리의 성찰 방식과 태도야말로 본연적 의미의 '철학'일 터다. 그리고 전통과 관습이 아닌 이성을 통해서만 삶과 학문 전반을 사유하려 한 18세기 프랑스의 계몽사상가들도 직업적인 학자라기보다 공적 문제에 더 관심을 쏟는 지식인이란 뜻으로 '철학자'를 자칭하였다.

27주 차

출전 선대인, 〈국민에 '기본 자본'도 나눠 주자〉, 《경향신문》(2017. 3. 15.)

01 **정답** ④

해설 다에서 글쓴이는 미래에 더욱 심각해질 불평등 문제를 해소하기 위해서 '소득뿐만 아니라 일정한 수준의 자본도 국민들에 나눠 줄 필요가 있다'라고 말하고 있다. 즉 글쓴이는 기본 소득을 나눠 주지 말자는 것이 아니라 기본 소득과 함께 기본 자본도 나눠 줘야 한다고 주장하고 있다.

오답 풀이 ① 가의 '가계의 높은 생산성을 ~ 높아질 가능성이 크다'와 나의 "제2의 가계 시대'에 ~ 가능성이 높다'에서 알 수 있다.

② 마의 "배당금을 재투자해 필요할 경우 ~ 요긴하게 쓸 수도 있다"를 통해 알 수 있다.

③ 나의 '현재 상위 0.1%가 대략 세계 전체 자본의 20%가량을 차지하는 것으로 추정되는데 ~'를 통해 알 수 있다.

02 **정답** ③

해설 나에 따르면, 시간이 흐를수록 일부 최상위 부유층이 세계 전체 자본에서 차지하는 비중이 높아지고, 기술 발전에 따른 이득이 최상위 부유층에 몰리게 된다. 즉 기술 발전에 따른 생산성 혁명의 혜택을 일부 사람들만 차지하기 때문에 기본 소득제만으로는 소득의 불평등함을 해결하지 못하다고 주장한 것이다.

오답 풀이 ① 나에서 든 예를 살펴보면, 상위 0.1%가 소유하는 자본이 시간이 갈수록 증가한다는 것이지, 최상위 부유층 자체가 증가한다는 설명은 나에 없다.

② '기본 소득'은 일자리와 노동 소득이 줄어들 것에 대비해 총 수요를 확충하기 위해 국민에게 지급하는 소득이다. 나에 최상위 부유층들에게 이러한 기본 소득을 제공한다는 내용은 없다.

④ 국가가 국민에게 기본 자본을 지급하자는 방안은 소득 격차를 해소하기 위해 글쓴이가 제안한 방안이다. 따라서 ⊙의 이유로 적절하지 않다.

03 **정답** ③

해설 〈보기〉의 (A)는 근로 소득이 동일하다는 전제하에, 부모에게 재산을 세습받은 자와 세습받지 못한 자의 소득 수준은 벌어질 수밖에 없는 사례이다. 이러한 (A)가 들어갈 위치로 가장 적절한 것은 다의 뒤이다. 다의 마지막 부분에서 토마 피케티는 세습 자본주의가 고착되면 자본을 가진 자와 자본을 가지지 못한 자의 격차가 벌어질 상황을 우려하였다. 이에 대한 사례로 (A)가 들어가야 적절하다.

〈보기〉의 (B)는 정부가 스타트업이나 기존 기업에 지원하여 지분을 확보할 수 있는 방법을 제시하고 있다. 이러한 (B)가 들어갈 위치로 가장 적절한 것은 라의 뒤이다. 라의 마지막 부분에서는 국가가 기금 풀을 만들기 위해 기업들의 지분을 확보하는 방법이 다양할 수 있음을 언급하고 있다. 이러한 방법에 대한 사례로 (B)가 들어가야 적절하다.

04 **요약** 기술 발전에 따른 생산성 혁명으로 인해 미래에 일자리와 노동 소득이 줄어들 것에 대비해 '기본 소득제'가 논의되지만, 이것만으로는 자본의 집중과 불평등의 가속화를 막지 못한다. 이를 막으려면 소득뿐만 아니라 자본도 국민에게 나눠 줘야 한다. 정부는 다양한 방법으로 일정한 기업들의 지분을 확보하여 국가 공유 자본을 만든 후, 이것의 지분을 일정 연령에 도달한 모든 국민에게 나눠 줌으로써 부의 불평등으로 인한 문제를 어느 정도 해소할 수 있다. 미래의 기술 변화에 따른 충격에 대비하여 지금부터 국가 공유 자본을 축적해 '기본 자본 지급 제도'를 실시할 토대를 다져 가자.

28주 차

출전 케이트 림, 〈예술가와 관객이 느끼는 치유〉, 《매일경제》(2017. 5. 12.)

01 **정답** (1) ○ (2) × (3) ×

해설 (1) 2문단의, '사회의 위로나 인정과 관계없이 ~ '나에 대한 나의 사랑 고백이자 칭찬'이다'에서 알 수 있다.
(2) 3문단의, "마음속에 그리는 ~ 꾸준한 노력과 타고난 재능, 또한 행운의 축복이 있어야 한다"에서 알 수 있다. 즉 예술가는 타고난 재능, 행운의 축복, 꾸준한 노력이 모두 있어야 마음속에 있는 이미지를 예술 작품으로 실재화할 수 있다.
(3) 4문단에 따르면, 미술 애호가에게 작품 감상은 일상의 삶에 거리를 두면서 해결해야 하는 여러 가지 문제들, 고민하고 있는 심각한 문제에 너무 애태우지 않도록 한다. 따라서 일상의 심각한 문제들에 더 치열하게 고민하도록 만드는 것은 아니다.

02 **정답** ②

해설 예술이 사회적인 아픔을 치유하는 역할을 해야 한다는 주장과 달리, 대다수 미술가들은 예술을 통해 개인적인 '자기 치유적 효과'를 경험함을 말하고 있다. 앞뒤 내용이 상반되어 있으므로 '그러나'가 들어가야 적절하다.

03 **정답** ②

해설 예술가는 자신의 머릿속에 있던 생각이나 어떤 느낌, 이미지 등과 현실을 화합시켜 작품으로 구현했을 때 자기 치유를 경험한다. 또한 미술 애호가는 예술 작품을 감상하면서 일상의 문제, 고민 등으로부터 잠시 거리를 갖게 된다. 이렇게 함으로써 정신적으로 건강해지고, 삶을 살아갈 힘을 얻게 된다. 즉 예술가, 미술 애호가 등과 같은 개인의 정신적 건강에 예술 작품이 긍정적 영향력을 끼치고 있으므로 ②가 정답이다.

오답 풀이 ① 4문단에서, 미술 애호가가 예술 작품을 감상하면서 일상의 스트레스로부터 거리를 두게 된다는 내용을 언급하였으나, 부분적 내용일 뿐이다.
③ 예술가와 예술 애호가가 예술 작품을 매개로 하여 소통한다는 내용은 나타나지 않는다.
④ 1문단에서 예술이 사회적 아픔을 치유하는 역할을 해야 한다는 내용이 언급되어 있지만 이를 위한 조건은 제시되어 있지 않다.

04 **요약** 예술가가 현대 사회의 인간 문제를 의식화하고 그 아픔을 치유하는 역할을 해야 한다는 주장과 달리, 대다수 미술가들은 작업 과정의 고민과 모험과 노동, 자기 불안이 반복되다가 자기 작품이 탄생하는 순간 '자기 치유'를 경험한다. 이러한 '자기 치유적 효과'는 머릿속 생각과 유동적 현실의 여건이 만나 서로의 차이를 넘어 만들어 낸 화합이 작품으로 구현됨으로써 충만함과 쾌감을 느끼는 것이다. 한편 미술 애호가들은 작품에 대한 호기심과 공감을 통해 평상의 삶에 길들여지고 습관화된 감각과 정서로부터 거리감을 갖는다. 이러한 일탈의 경험은 정신적 건강을 살피게 하며 삶에 복귀할 힘을 채워 준다. 다른 것에 비해 조용하고 개인적이며 소박한 치유의 힘을 통해 삶의 힘을 찾게 해 주는 역설이 바로 예술의 정수다.

29주 차

출전 곽금주, 〈갈등 부추기는 소득 불평등〉, 《국민일보》(2017. 5. 30.)

01 정답 (1) × (2) × (3) ○

해설 (1) 1문단에 따르면, '수저 계급론, 헬조선'은 본인의 의지, 노력보다 부모의 직업이나 사회적 신분이 성공을 위해 더 중요한 요소라는 사회적 인식이 반영된 단어이다.
(2) 4문단의, '소득이 높은 사람들일수록 도리어 기부를 더 적게 하였고'와 배치되는 진술이다.
(3) 마지막 문단의, "소득에 대한 불평등이 결국 인생 전반적인 불평등에 대한 분노를 ~ 민감하게 대치하게 되고 융합이 어려울 수 있다"와 일치하는 진술이다.

02 정답 ④

해설 2문단에 따르면, ㉠ '낮은 계층의 사람들'은 자신들이 낮은 계층이라고 강하게 인식, 즉 사회가 불평등하다고 강하게 인식한다. 반면 4문단에 따르면, ㉡ '소득이 높은 계층'은 소득이 낮은 사람들이 실제보다 더 적고 사회가 전반적으로 부유하다고 생각한다. 따라서 소득이 높은 계층은 사회가 불평등하다고 인식하는 수준이 낮음을 알 수 있다.

오답 풀이 ① 3문단에 따르면, ㉠은 소득 불평등이 심해지면 '다른 계층 사람들의 좋은 의도조차 못 믿게 되고 나와 다른 편으로 생각해 다 부정적으로 바라'본다.
② 4문단의 "차이점을 내면화하고 자신들이 태생부터 그들과 다르다고 생각한다", "부유층 사람들은 사회가 전반적으로 ~ 과한 세금을 매기게 되면 이에 반발하게 된다"를 통해 알 수 있다.
③ 3문단에 따르면, ㉠은 소득이 불평등할수록 사회에 참여하는 정도가 낮다. 마찬가지로 4문단에 따르면, 소득의 불평등은 ㉡의 사회적 참여에 악영향을 미친다. 따라서 소득 불평등이 심화되면 ㉡의 사회 참여도는 낮아진다.

03 정답 ②

해설 ⓐ 앞뒤 모두 통계에서 나타나는 불평등에 대한 지각을 제시하고 있으므로 앞뒤 문장을 병렬적으로 연결할 때 쓰는 '그리고, 또한'이 들어가야 적절하다.
ⓑ '소득이 높은 계층은 비슷한 수준의 사람을 만나게 되면서 사회 평균 소득을 제대로 인지하지 못한다'는 앞의 내용을 뒤에서 다시 설명한 것이므로 '즉, 다시 말해'가 들어가야 적절하다.
ⓒ 앞에는 소득에 대한 불평등으로 분노가 형성된다는 내용이, 뒤에는 아주 작은 이슈에도 민감하게 대치한다는 내용이 제시되어 있다. 앞뒤 문장이 인과 관계로 이어지고 있으므로 '그래서, 따라서'가 들어가야 적절하다.

04 요약 우리 사회가 불평등하다는 인식이 만연하다. 소득 불평등이 심한 사회일수록 낮은 계층은 자신의 계층이 낮다는 인식이 강하고 사회적 신뢰감이 낮아 사회적 참여 정도가 낮다. 소득이 높은 계층은 다른 계층에 대한 이해가 부족하고 자신이 부유한 만큼 사회가 전반적으로 부유하다고 생각하여 역시 사회적 참여 정도가 낮다. 이렇듯 소득 불평등은 사회적 신뢰감을 감소시키고 분열과 갈등을 일으키며 사회 발전을 가로막는다. 따라서 소득 불평등을 완화할 수 있는 정책이 시급하다. 이러한 정책에 대한 반발이 예상되지만, 정책 마련 과정이 투명하다면 사람들이 쉽게 받아들일 수 있을 것이다.

30주 차

출전 심혜련, 〈예술과 매체, 뫼비우스의 띠〉, 2007학년도 3월 고1 전국연합학력평가

01 정답 (1) ○ (2) × (3) ×

해설 (1) 1문단에 따르면, 사진의 등장으로 인상파 화가들은 빛의 밝기나 각도 등과 같이 사진이 표현할 수 없는 내용을 표현함으로써 회화의 새로운 영역을 개척했다. 또한 3문단에 따르면, 텔레비전이라는 새로운 매체가 등장하자 예술가들은 그동안 저급한 것으로 여겼던 '통속적이고 상업적인 만화 이미지나 상품 광고 이미지'를 예술에 적극적으로 차용하게 된다. 따라서 사진은 회화의 내용에, 텔레비전은 예술가가 다루는 이미지에 영향을 미쳤음을 알 수 있다.

(2) 2문단에 따르면, 큐비즘이 선택한 '동시적 시각'은 '고정된 하나의 시점에서 대상을 바라보'는 것이 아니라 '다양한 각도에서 바라본 대상의 여러 측면을 한 화면에서 동시에 보여 주는 방법'이다.

(3) 마지막 문단에 따르면, 옵아트는 팝아트에 대한 반발로, 다다이즘은 기존의 미학적 전통(이성적이고 합리적인 방법)에 대한 반발로 나타난 회화 양식이다. 옵아트와 다다이즘이 새롭게 등장한 매체에 반발했다는 내용은 나오지 않는다.

02 정답 ①

해설 ㉠ 앞에는 통속적이고 상업적인 이미지를 적극적으로 차용한 회화가 나타나기 시작했다는 내용이, 뒤에는 디즈니 만화 이미지와 상업적 이미지를 사용한 예술 작품이 제시되어 있다. 앞의 내용에 해당하는 구체적인 사례를 뒤에서 제시하고 있으므로 '예컨대, 가령'이 들어가야 적절하다.

㉡ 앞에는 회화 양식의 변화가 새롭게 등장한 매체 때문에 일어난 것으로 단정할 수 없다는 내용이, 뒤에는 매체가 회화 양식의 변화를 가져온 요인임을 부정할 수는 없다는 내용이 제시되어 있다. 앞뒤 내용이 상반되므로 '하지만, 그러나'가 들어가야 적절하다.

03 정답 ④

해설 마지막 문단에, 새로운 등장 매체가 회화 양식에 영향을 주었다는 단정적 견해와 미술 내적인 문제와 당시의 지배적 미학 이론 등이 회화 양식의 변화에 복합적으로 영향을 주었다는 견해가 제시되어 있다. 그러나 미술 내적인 문제, 당시의 지배적 미학 이론, 새로운 등장 매체 모두 회화 양식의 변화를 일으켰다는 사실을 부정할 수 없다는 것으로 보아, 하나의 견해만을 인정하고 있는 것은 아니다.

오답풀이 ① 1문단의 '인상파 화가들은 ~ 개척했다', 3문단의 '위대한 예술 ~ 이에 해당한다', 마지막 문단의 "팝아트에 대한 ~ 이를 뒷받침해 준다"에 구체적 예시가 나타난다.

② 1~3문단에서는 사진, 영화, 텔레비전 등의 매체(원인)로 인해 변화한 회화 양식(결과)을, 마지막 문단에서는 미술 내적인 문제와 당시의 지배적 미학 이론 등(원인)으로 인해 변한 회화 양식(결과)을 인과적으로 설명하고 있다.

③ 2문단에서 원근 화법과 큐비즘을 대조하고 있으며, 영화의 원리와 큐비즘을 비교하고 있다.

04 요약 19세기에 '사진'이라는 새로운 매체가 등장하자 인상파 화가들은 사진이 표현할 수 없는 내용을 표현하여 회화의 위기를 극복하였다. 20세기 초에는 '영화'라는 새로운 매체가 등장하여 동시적 시각으로 대상을 재현하는 큐비즘이라는 유파 형성에 영향을 미쳤다. '텔레비전'의 등장 및 보급 역시 회화에 영향을 미쳐 통속적 이미지를 적극적으로 차용한 회화인 팝아트가 등장하게 되었다. 회화 양식에 변화가 일어난 것이 모두 새로운 매체의 등장 때문이라고 단정할 수 없지만, 인상파, 큐비즘, 팝아트의 등장은 매체가 회화에 변화를 가져온 요인 중 하나라는 사실을 부정할 수 없게 한다.

31주 차

출전 한국산업사회학회, 《사회학》, 재구성

01 정답 ③

해설 마지막 문단의 "말하자면 역사적·인류학적 ~ 필요로 한다"에서 역사적·인류학적·비판적 상상력을 연결하고 있다. 즉, 역사적·인류학적 상상력으로부터 생겨난 바람직한 사회에 대한 판단을 하기 위해서는 비판적 상상력이 필요하다는 것이다.

오답 풀이 ① 3문단에서 개인들은 각 나라의 특수한 문화를 보편적인 문화로 여기는 '자민족 중심주의'를 설명하고 있지만, 역사적 유산의 특수성과 보편성을 구분하는 방법은 설명하고 있지 않다.
② 1문단에서 사회적 관계의 변화가 개인의 행위에 영향을 미친다고 설명하고 있지만, '어떤 영향을 미치는지'는 설명하고 있지 않다.
④ 1문단에 따르면, 기든스가 제시한 '역사적', '인류학적', '비판적' 상상력은 밀즈가 주장한 '사회학적 상상력'의 작동 방식을 체계적으로 보여 준다. 그러나 밀즈와 기든스가 설명한 '사회학적 상상력'의 차이점은 제시문에 나타나지 않는다.

02 정답 ②

해설 ㉠ 앞뒤 문맥을 살펴보면, 한 사회 속의 개인들의 행위는 직·간접적으로 사회적 관계의 영향을 받으므로 사회의 움직임을 이해하기 위해서는 사회학적 상상력이 필요하다는 내용이다. 즉 앞의 내용을 근거로 하여 뒤의 내용을 이끌어 내고 있으므로 '따라서, 그래서'가 들어가야 적절하다.
㉡ 앞에는 '자민족 중심주의'의 정의가, 뒤에는 자민족 중심주의의 문제점이 제시되어 있다. 앞의 내용과 관련시키면서 다른 방향으로 뒤의 내용을 제시하고 있으므로 '그런데'가 들어가야 적절하다.

03 정답 ③

해설 3문단에 따르면, '자민족 중심주의'는 '자기 나라의 문화를 보편적 기준으로 여기는 사고'이다. 미국 문화가 우리나라의 문화보다 낫다고 평가하고 이를 추종하는 것은 자민족 중심주의와는 관련이 없다.

오답 풀이 ① 2문단에 따르면, 역사적 상상력은 현재의 생활 양식과 과거의 생활 양식을 비교하고, 현재의 생활 양식이 어떤 방식으로 변화해 왔는지를 파악하는 것이다. ①은 한국 유교 문화의 '과거와 현재의 모습을 비교'하는 것이므로 역사적 상상력과 관련이 있다.
② 3문단에 따르면, 인류학적 상상력은 다양한 사회와 문화를 서로 비교하여 자기 나라의 사회 문화적 특수성을 이해하는 것이다. ②에서는 한국과 다른 문화인 유럽의 결혼 문화와 비교하여 한국의 결혼 문화를 이해하고 있으므로 인류학적 상상력과 관련이 있다.
④ 마지막 문단에 따르면, 비판적 상상력은 기존의 사회 형태를 비판하고 대안적인 미래를 제시한다. ④는 우리 사회가 가진 '빨리빨리 문화'를 비판하고, 해결책을 찾아 대안적인 미래를 제시하고 있으므로 비판적 상상력과 관련이 있다.

04 요약 한 사회 속의 개인들의 행위는 역사적·사회 구조적 상황 변화의 산물이므로 사회가 어떻게 돌아가는지를 이해하려면, 개인의 삶에 영향을 미치는 사회·역사적 과정에 대한 관계적·종합적 사고가 필요한데, 이를 사회학적 상상력이라 한다. 영국의 사회학자 가든스는 사회학적 상상력의 작동 방식을 체계적으로 보여 주기 위해 역사적, 인류학적, 비판적 상상력의 세 가지 형태로 제시하였다. 역사적 상상력은 현재의 생활 양식과 과거의 생활 양식을 비교하여 현재 사회의 모습이 어떠한 방향으로 변화해 갈 것인지를 전망하게 한다. 인류학적 상상력은 각 나라들의 다양한 문화를 서로 비교하여 자기 나라의 사회 문화적 특수성을 이해할 수 있게 한다. 비판적 상상력은 현대 사회의 모든 질서와 가치, 규범을 상대화하고 의문시하여 대안적인 미래를 제시할 수 있게 한다.

출전 강석기, 《과학을 취하다 과학에 취하다》

01 **정답** ③

해설 3문단에서는 어떤 생물로부터 유전자 하나 정도가 떨어져 진화한 것이 바이러스라는 견해를, 4문단에서는 자기 증식력이 있는 생명체가 퇴화한 것이 바이러스라는 견해를 제시하고 있다. 그러나 이 두 견해를 절충한 새로운 주장을 제시하고 있지는 않다.

오답 풀이 ① 마지막 문단의 "'천재란 일상 속에서 ~ 천재라고 할 수 있지 않을까"에서, 의문형 문장을 사용해 사고의 유연성을 지닌 과학자들을 예찬하고 있다.

② 3문단의 '미미바이러스 유전자 분석 결과(기존의 어떤 생물체에도 존재하지 않는 염기 서열을 갖고 있음.)'가 원인이 되어 '바이러스는 세포 생명체의 일부 유전자로부터 시작되었다'라는 과학적 견해에서 '새로운 바이러스 진화 시나리오'라는 새로운 과학적 견해(결과)로 변화된 과정이 제시되고 있다.

④ 2문단의 "바이러스는 증식하고 변이를 ~ 무생물에 가깝다"에서, '바이러스'의 대조적 특성, 즉 생명체로서의 특성과 무생물로서의 특성을 설명하고 있다.

02 **정답** ②

해설 마지막 문단에 따르면, 1998년 출간된 논문에서 이미 판도라바이러스가 언급되어 있었지만 당시 과학자들은 판도라바이러스를 바이러스라고 기술하지는 않았다. 따라서 판도라바이러스가 과학자들에게 '최초 발견부터' 바이러스로 인정받았다는 설명은 적절하지 않다.

오답 풀이 ① 2문단의 "핵산과 단백질을 분리해 ~ 바이러스 활성을 띤다"를 통해 알 수 있다.

③ 3문단에 따르면, 미미바이러스 유전자에는 기존의 어떤 생물에도 존재하지 않는 염기 서열이 있다. 또한 4문단에 따르면, 판도라바이러스도 93%의 유전자가 기존의 유전자 데이터베이스에는 알려지지 않은 유형이다.

④ 4문단에 따르면, 새로운 바이러스 진화 시나리오에서는 복잡한(큰) 형태의 바이러스가 퇴화하여 지금과 같은 바이러스가 되었다고 주장한다. 판도라바이러스는 미미바이러스보다 더 큰 원시적인 형태이므로 판도라바이러스가 미미바이러스보다 먼저 존재했을 것이라고 이해할 수 있다.

03 **요약** 거대 바이러스인 '미미바이러스'가 발견되자 바이러스학계가 발칵 뒤집혔다. 바이러스는 증식하고 변이를 일으키므로 생명체이기도 하지만, 세포가 아니라 입자이면서 스스로 증식할 수 없다는 점에서 무생물에 가깝기도 하다. 초기에 사람들은 어떤 사고 때문에 유전자 하나 정도의 크기의 작은 게놈 조각이 떨어져 우연히 세포에 감염해 나타난 것이 바이러스라고 추측했다. 그러나 미미바이러스 유전자는 대부분 기존의 어떤 생물체에도 존재하지 않는 염기 서열을 갖고 있었다. 그러자 연구자들은 꽤 복잡한 어떤 생명체가 퇴화하면서 바이러스로 진화되었다는 추측으로 바이러스 진화 시나리오를 전환했고, 그 결과 판도라바이러스도 발견할 수 있었다. 미미바이러스와 판도라바이러스를 발견한 과학자들의 '사고의 유연성'은 그들을 천재로 바라보게 한다.

33주 차

출전 조주연, 《현대 미술 강의 – 순수 미술의 탄생과 죽음》

01 정답 ②

해설 3문단에 따르면, 기호의 형태는 특정 기표와 특정 기의 사이의 대응 관계를 결정하는 바탕이 되기는 하지만, 기호의 형태는 기호의 의미 작용을 일으키는 단서가 될 뿐, 의미를 결정할 힘을 가지고 있지는 않다. 또한 2문단의 "피카소의 콜라주에서 ~ 않는다는 뜻이다"에서 피카소도 두 신문지 조각의 형태의 차이가 '형상–배경'이라는 의미를 결정하지 않는다고 하였다.

오답풀이 ① 3문단의 "기호의 의미를 결정하는 것은 ~ 자의적인 것이기 때문이다"를 통해 알 수 있다.

③ 마지막 문단에 따르면, 피카소의 콜라주에서는 '형태가 도상으로 작용하지 않고 기호로 작용'하였다. 즉 피카소는 신문지 두 조각과 같은 형태를 도상이 아닌, '의미가 자의적으로 정해지는 기호'로 작용시켜 '닮음에 기초를 두는 미술의 재현 체계'를 파괴하였다.

④ 3문단의 '기호의 의미는 기표와 기의의 일대일 대응 관계로 결정된다'를 통해 알 수 있다.

02 정답 ③

해설 2문단에 따르면, 〈바이올린〉에 사용된 한 장의 신문지는 약간의 차이밖에 없어 형태만 바탕으로 해서는 형상–배경이라는 대조적 의미를 결정할 수가 없다. 두 신문지 조각이 대조적 의미를 형성하는 것은 '신문지 조각의 위치 및 드로잉'과 맺고 있는 관계의 차이 때문이다. 따라서 목탄 드로잉이 없다면 두 신문지 조각은 대조적 의미를 형성할 수가 없다.

오답풀이 ① 피카소는 '지시 대상(바이올린)'과 전혀 닮지 않은 형태(신문지 조각)를 채택하여 '닮음'에 기초를 두는 재현 체계와 결별하였다. '신문의 활자 행들'이 바이올린 표면처럼 보이는 것은 둘이 닮았기 때문(유사성)이 아니라 관계의 차이에서 비롯된 것이다.

② 2문단에 따르면, 〈바이올린〉의 두 신문지 조각 중 하나는 '가운데 중앙 왼쪽'에, 나머지 하나는 '오른쪽 위'에 붙어 있다. 그러나 두 조각이 겹쳐진다거나 형상-배경의 시각적 역전 효과가 일어났다는 설명은 나타나지 않는다.

④ 두 조각의 신문지 중 하나는 형상을, 하나는 배경을 의미하는 것이므로 적절하지 않다.

03 정답 ①

해설 ㉠ 앞에서는 미술이 지시 대상과의 '닮음'을 나타냈기 때문에 언제나 도상적인 기호로 여겨졌다는 설명이, 뒤에서는 피카소가 지시 대상과 '닮음'에 기초를 두는 재현 체계와 결별했다는 설명이 제시되어 있다. 앞뒤 내용이 상반되어 있으므로 '그런데, 하지만, 그러나'가 들어가야 적절하다.

㉡ 두 신문지 조각의 형태적 차이가 의미를 결정하지 않는다는 앞의 내용을 뒤에서 재진술하고 있다. 따라서 '즉, 다시 말해'가 들어가야 적절하다.

㉢ 앞에서는 '기호의 형태'가 특정 기표와 특정 기의 사이의 대응 관계를 결정하기 때문에 중요하다는 내용이, 뒤에서는 '기호의 형태'가 의미 작용의 바탕일 뿐, 의미를 결정할 힘을 가지고 있지 않다는 내용이 제시되어 있다. 즉 앞뒤 내용이 상반되어 있으므로 '그러나, 그렇지만'이 들어가야 적절하다.

04 요약 그림의 재료가 아닌 이물질을 그림에 뒤섞는 콜라주 기법은 종이를 이용한 파피에 콜레의 형식으로 등장했다. 파피에 콜레는 시각적 차원에서 형상-배경의 시각적 역전 효과를 가져왔고, 이에 더해 콜라주는 미술의 도상성을 파괴하였다. 콜라주 기법을 사용한 피카소의 〈바이올린〉에서 신문지 두 조각 중 하나는 형상을, 나머지 하나는 배경을 의미한다. 이는 두 신문지 조각이 위치 및 드로잉과 맺고 있는 관계의 차이 때문에 결정된 것이다. 이렇게 관계의 차이를 바탕으로 의미 작용이 일어나는 전형적 체계는 언어 기호다. 기호의 궁극적 의미는 기표와 기의의 일대일 대응 관계로 결정되며, 이러한 대응 관계는 문화적 약속 내지 관습으로 정해지는 자의적인 것이다. 따라서 기호의 형태는 기호의 의미를 결정할 힘을 가지고 있지는 않다. 피카소의 콜라주는 바로 이런 언어 기호의 조건을 미술에 도입한 것이다.